① 和风帖

张进步 程园园

主编

重庆出版集团 重庆出版社

和风帖·在日本，好生活的种种可能
POSSIBILITIES OF GOOD LIFE

● 这本《和风帖》，是"地球旅馆工作室"最新推出的探索日本文艺生活的 Mook（杂志书）。一直以来，我们秉承"好生活的种种可能"的想法，在全球范围内探访有趣的人和美好的生活。我们认为，只有了解越多不同人的生活方式，才能在生活中获得越多的灵感，使我们找到更符合自身的生活状态。

● 众所周知，古代日本有不少文化及生活美学来源于中国，但在他们发扬、温养之后，却又变成了他们独有的一种全新文化、一方微妙世界。

● 凡在日本生活过的人，大都会被日本各种温暖的小细节打动：精准的交通时刻表、遍布全国的自动贩卖机、永远温热的马桶圈、露天汽车站台上为了让等车的人呼吸舒适而设置的喷雾装置……这个国家的人像猫一样把自己照顾得又舒适又体面。同时他们也会将日式的生活方式推广至其他国家，就如最近，日本知名生活品牌无印良品将最大的店铺开在了纽约。即便是同日本的朋友一起工作，也会强烈感受到他们谦逊、守时、严谨的做事态度。这都让人受益匪浅。

● 这本书，我们试着通过旅馆、古着店、博物馆、手信、铁道、妖怪、书店、杂货店、自动贩卖机等诸多方面的主题，来探索纯粹的日式生活。

● 除此之外，本次大特集，我们还为著名艺术家、有着波点女王称号的日本国宝草间弥生制作了一个较为详尽的图文介绍专辑。从她儿时为母亲画了布满圆点的画像、到独自在纽约艰难的创作生活经历，一直到她成功地在对于每个艺术家都具有重大意义的伦敦泰特美术馆做回顾展，再及最近在台湾举行的艺术展览现场传真……本书贯穿她的整个艺术历程做了全面的介绍。期间承蒙草间弥生工作室的关照和支持，我们在此一并鞠躬致谢，也为艺术家87岁高龄仍然具有旺盛的创作力而感到钦佩。

● 这本读物之所以命名为《和风帖》，大致具有如下几个原因：一，这是一本日式生活美学读物，因此，"和风"也即"日本style"的意思；二者，和字也包含了我们的美好愿望，和风的意境，也是对生活最良好的祈愿。我们中国古人生活得真是特别精致幽微的——就连风，一年四季都有着不同的命名，春夏秋冬的风，分别对应了和风、熏风、金风、朔风。和风，也就是春风。

● 值此冬日，诚如雪莱的诗语："冬天来了，春天还会远吗？"

● 祈愿春风拂面，唯愿和美长存。

目录　CONTENTS

创作出品团队

顾问
岛影均

主编
张进步
程园园

视觉监制
樊瑶

特邀主笔
郭睿
胡晶坤

特邀撰稿人
无茶
杨晨
任知
任紫玉

特邀摄影师
许阳

特邀插画师
黄少钦

设计制作

出版监制
陈建军

责任编辑
舒晓云

特约编辑
王菲庶

营销编辑
刘菲

责任印制
杨宁

博物馆 MUSEUM

和风电铁 JAPANESE RAILWAY

妖怪 YOKAI

书店 BOOKSTORE

手信 GIFT

创作出品团队

OUR TEAM

● 岛影均

知名中日友好人士。《和风帖》顾问，负责
本书的学术指导。
1946 年，出生于日本北海道旭川市的一个
小学教师家庭。
1971 年于东京外国语大学中文专业毕业，
同年进入在日本发行量排名第七（日均发行
量 121 万份）的纸媒《北海道新闻》工作。
历任社会部、政治部、国际部记者，并于
1988-1992 年间，作为特派员被派驻北京，
之后回到日本，就任北海道新闻高级评论员、
政治部长，2004 年成为北海道新闻社董事。
后任销售局局长、常务总经理。2010 年退休。
随后被中国外文局作为外国专家聘请，在外
文局下的《人民中国》工作 5 年，作为编辑、
翻译顾问，同时也撰写连载专栏，将中国各
种各样的新面貌介绍给日本读者。
2015 年回到日本，现居埼玉县草加市。

● 张进步

《和风帖》主编。
知名诗人、作家、职业出版人。出版繁、
简体作品十余部。2012 年创办"沐文文化
（MooNbooks）"，并创建全球生活美学
品牌"地球旅馆"，主编《地球旅馆》系列
MOOK。
策划设计了本书的整体架构，并负责全书统
稿，以及开篇语的撰写。

● 程园园

《和风帖》主编。
作家、出版人。"沐文文化（MooNbooks）"
创办人之一，《地球旅馆》系列 MOOK 执
行主编。
本书策划之一，本书的"草间弥生"特集以
及"贩卖机"主题中对于日本摄影师大桥英
儿的专访由其撰写。

● 樊瑶

现担任《和风帖》视觉监制。
资深平面设计师，于 2010 年成立自己的
Lemon 书籍装帧设计工作室。
负责本书的视觉设计。

● 郭 睿

《和风帖》特邀主笔。
日本北海道大学文学学士，国际传媒学硕士，
职业广告人，北海道穷游锦囊作者，北方民
族历史文化与人文地理研究者。曾客居京都、
东京、北海道札幌多年，被日本媒体誉为"中
国最懂北海道"的人。
是本书旅馆、博物馆、和风电铁、书店、手
信等主题的主要撰稿人。另外参与撰写了"自
动贩卖机"和"妖怪"主题的一些章节。

● 胡晶坤

《和风帖》特邀主笔、驻东京记者。
同济大学日语语言文学学士，日本早稻田大
学新闻学硕士在读，其间担任过新华社东京
分社的实习记者，并长期为日本历史最悠久
的高人气女性时尚杂志《an·an》采访撰文。
现居东京，即将毕业入职东京某音乐公司。
本书中的"杂货店"主题由其采访撰写。另外，
承担了本书部分资料的现场搜集任务。

● 无茶

《和风帖》特约撰稿人。
长期游走于日本各地的日本文化爱好者。
本书全部的"吐槽"栏目，以及"和风电铁"
主题中的《京都：叡山电铁》和"贩卖机"
主题中的《尽量不打扰他人的生活》等章节
由其撰写。

● 杨晨

《和风帖》特约撰稿人、驻东京记者。
女，日本早稻田大学硕士在读，社会学探究
者。常年混迹于东京的大街小巷，妄图窥探
生活百态。摄影是生活习惯，旅行是度日常
度，除东京外，对日本北海道、九州、冲绳、
关西等地区较为了解。
本书"古着店"主题和"情人旅馆"部分由
其采访撰写。

● 任知

诗人、日本文化学者，南开大学毕业。曾为
昆明《生活新报》、广州《信息时报》、上
海《时代报》等专栏作家。著有日本文化随
笔集《完全治愈系》、《东瀛文人风谭》，
及诗集《孤屿心》等。
本书"妖怪"主题的主体部分由其撰写。

● 任紫玉

在路上的旅行者，旅行摄影撰稿人，汉语国
际教育硕士，各大知名旅游网站的旅行达人，
图文作品见于《孤独星球》等杂志。
本书中《日本的火车旅馆》和《一定要有手
信吗》两节的撰稿人。

● 许阳

《和风帖》特邀摄影师。
资深摄影师，尤其关注东北亚地区。其作品
曾广泛被北海道、南非旅游局等世界各国官
方机构推介，摄影作品被《中国国家地理》、
《华夏地理》等多家主流媒体使用。
本书中，"自动贩卖机"主题（除采访之外）
的部分、"和风电铁"主题（除资料图外）
的部分、北海道小樽的民宿、网走监狱博物馆、
茑屋书店等图片系由其拍摄。

草间弥生
YAYOI KUSAMA

她的人生，画画、软雕塑、装置艺术、行为艺术、写书、拍电影、做歌剧、涉足时尚，排列得密密麻麻，没有缝隙。她像是地球上一棵特殊的植物，立于山野之间，吸收着大自然的精华，又源源不断地释放出强大的能量，将每一个靠近她的人包裹住。她一直在艺术中强调"自我消融"，"忘记你自己，成为永恒的一部分，成为环境的一部分"。她像一颗超体，穿越现实与梦幻之间，把普通人看不到的景象，用她的方式表达出来，即便死去，也是永恒存在的，就像她的波点艺术要表达的那样：爱是无限（Love Forever）。

自我消融（self-obliteration）：
草间在自传中陈述："一般而言，艺术家不会把自己的心结直接和盘托出表现在创作里，可是我是把自己的心结和恐惧直接转化为表现的物件……把自己融进那些表现物里面，这就是我所谓的'消融'……当我在自己全身画满圆点，然后把背景也都填上一样的图案，我就可以消除自己的存在。""自我消融"可以说是草间创作的动力。

● 图片提供 © YAYOI KUSAMA

1

一生所历

—

草间弥生 YAYOI KUSAMA

一生中，我对所有艰难都亲力亲为

2

重要作品

—

艺术的角度

深邃如宇宙，梦幻如仙境

3

其他艺术

—

天才的角度

不同的身份，全方位的艺术家

INFORM

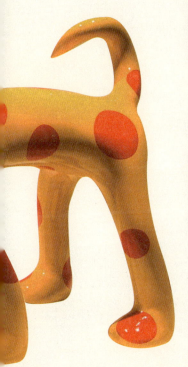

IATION

1

生所历

草间弥生 YAYOI KUSAMA

> 一生中，我对所有艰难都亲力亲为

DOTS OBSESSION
2015
圆点执念

● 草间弥生 1929 年出生在日本长野县松本市一个保守的资产阶级家庭，是家里最小的孩子，家族一百年以来都以经营采种场为生，家境富足。

———

● 10 岁时，草间弥生便被幻觉、幻听所困扰。这种在医学上被称为"人格解体神经症"的精神类疾病伴随了她的一生。她常常会看到河边的鹅卵石向她袭来，看到远处的山突然金光闪闪，听到狗用人类的语言对她喊叫，看到紫罗兰长着人的脸，还张开嘴巴同她说话……每次她都气喘吁吁跑回家，把这一切画下来。这只是开端，有时候，她觉得自己的灵魂离开躯体，被幽暗森林里的湖水吸引，被引领着走进池中溺毙，"我的人生就这样被迫漂流在生死之间"。每次往返现实与虚幻之间后，她都会大病一场，又因无法与别人交流，醒来便使用画画

来抵抗内心的恐惧。

———

● 草间弥生的母亲茂，是个脾气火爆的女人，父亲草间嘉门则是个风流浪荡的人。家族虽然经常资助贫困的画家，但是当母亲知道草间的志向是画家的时候，却大发雷霆，百般阻挠，甚至毁坏她的画作。让草间弥生的母亲大发雷霆的不只是"草间要当画家"这件事，还有草间四处偷腥的父亲。

———

● 年幼时的草间常常奉母亲之命跟踪前去与情人约会的父亲，但很快就会被父亲甩掉，回去后，暴躁的母亲便骂她出气。这个一生都情人不断的父亲却是家里唯一支持她梦想的人，他瞒着草间的母亲偷偷给她买颜料和纸。少女时期的她每天都在画画，作品多到堆至天花板。但这个时期创作的部分作品在她从日本出发去美国前，

◇ ↑ 草间弥生 10 岁时画的母亲肖像，画面中充满了小圆点。

被她自己烧掉了很多，因为她自信到了美国后，会创作出更好的作品。后来，她提及此事，说到当初被她烧掉的画作，说现在看来是烧掉了几个亿。她从不避讳对金钱和名声的热爱，也毫不留情地指出，艾迪·沃霍尔在模仿她的作品，但也承认"他是一个好对手"。

———

● 草间弥生的家乡松本市四周被飞驒山脉包围，太阳很早就落山，小时候的她就萌生了想要看看外面世界的心愿。长大后，她去京都学画，但却不喜欢艺术学校呆板的灌输，常常躲起来创作自己的作品。当时的日本饱受战争困扰，思想封闭，女性的社会地位低下，尽管当时的草间弥生在松本和东京已经举办过画展，并小有名气，但仍为当时的社会环境和艺术环境束缚，倍感痛苦。有一天，草间弥生在书店看到美国画家乔治亚·欧姬芙

（Georgia O'Keeffe）的画册，于是想方设法找到她的通讯地址，很冒昧地写了一封信，连同 14 幅水彩画稿一起寄给她，没想到十几天之后便收到欧姬芙的回信。后来，在草间艰难的纽约生活时期，欧姬芙从隐居的新墨西哥州，乘八个小时的飞机去看她，并将自己专属的经纪人介绍给她。对草间来说，欧姬芙是她一生中最敬重的恩人。

◇◇ ↓ 1939 年，10 岁的草
◇◇ 间弥生。

美国
西雅图&纽约
AMERICAN
SEATTLE & NEW YORK

● 1957年，几经周折后，28岁的草间带着三百套和服和一百万日元去了美国的西部城市西雅图。美国自由开放的环境激发了她的灵感，很多年以后，她提到美国，说："如果我没有去美国的话，我就不会是今天的草间弥生。"在西雅图，她很快被接纳，画作顺利卖出，又成功举办了画展，如果一直在西雅图待着，便不用受接下来所受的苦，但是她觉得纽约才是她要去的地方："我的飞机被大雨搅得七上八下，经过落基山脉上空，飞跃欧姬芙盛情款待过我的新墨西哥州，最后，好不容易在纽约机场降落，真的是捡回一条命。"就这样来到了纽约，当时的纽约通货膨胀，物价飞速上涨，她也很快就捉襟见肘。

———

● 在她后来出版的小说《中央公园的毛地黄》中，草间弥生通过描写一名日本女孩在纽约的生活，展现了自身

当时的生活状况：孤独潦倒，身无分文，带着自己的画在城市的画廊间穿梭。由于不懂英语，这个小个子的东方女人想卖掉一张作品异常困难，但她仍然没有打算回日本；在租住的公寓里，她半夜被冻醒，就起床一直画画到天亮；在街边的垃圾箱中拾起鱼头和烂菜叶，也能熬出一锅热汤充饥……有时候她连续两天滴水未进，那就空着肚子画画。她的朋友去看她，看她在巨大的黑色画布上不断重复地画着白色的网，便问："弥生，你没事吧？你确定你没事吧？"

———

● 她曾经背着这幅画去参展，被拒绝，又背着它独自走回住处。在巨大的压力下，她少年时的幻听、幻觉又出现了，她屡次放下画笔，给精神病医院打电话求助。一年后，这幅著名的《无限的网》，终于在纽约布拉塔画廊展出，并引起轰动。《纽

约时报》评论这幅作品"拥有惊人的力量"，并且"令人感到迷惑"。

———

● 在她到达纽约的第二年，纽约接纳了她。就像这座城市的口号一样：If you can make it here, you can make it anywhere。（此处功成，处处成功。）

———

● 在她的前半生，60年代应该是她最活跃的时期。

———

● 1966年，她带着她的装置艺术品 Narcissus Garden（《那希索斯花园》）参加第33届威尼斯双年展，这是一个由1500颗镜面球组成的艺术装置。很多媒体说草间弥生在没有得到任何邀约的情况下，固执地把自己的装置艺术作品摆在会场门口。她后来澄清了"没有受到邀约"这件事情，当时虽然没

有获得正式的邀请函，但是得到了组委会主席的首肯，并亲自与她一起在草坪上布置作品。只是在展览开始后，她穿着金色和服站在这些亮晶晶的镜面球中间，将它们以每颗两美元的价格卖给前来参观的人，遭到了展览方的禁止。他们不能接受这种"将艺术当热狗和冰激凌一样贩卖的行径"，而草间说她此举恰恰是为了讽刺"将艺术当热狗和冰激凌一样贩卖的行径"。

_____

● 20世纪60年代是美国性解放时期，她在纽约创建了"裸体剧场"，希望以裸体艺术的形式解放当时人们压抑的性观念。她因此受到嬉皮士的拥护，身边聚集了很多嬉皮士和同性恋者。他们混居在她的工作室，最多时有三百多人。她带领他们在街头、公园、美术馆进行大胆的裸体演出，吸引着各路电视台记者、艺术评论家和警察的到来。

_____

● 纽约的媒体喜欢这个矮小的东方女艺术家，嬉皮士们也喜欢她，警察却不，因为她的每次演出都会触犯当地第十到第十五条法律法规，他们驱散聚集的人群，把她抓进监狱。有时候也会出现这样的场景：有一次，在草

→ 1968年，这场在纽约中央公园进行的**偶发艺术**以"当代的爱丽丝梦游仙境"为概念，提倡大家一同"参加生命探险之舞"。

偶发艺术的英文是Happenings，是指随时随地发生的艺术形式。它的出现就是要打破所谓正规艺术的常规，让周边观众的反响融入艺术中，成为艺术的一部分。每一次的偶发艺术行为都与以往不一样，没有重复，只是即兴，因为每一次的展示都不一样，观众的反馈也不一样，这样形式不断流动改变，变成新的内容。偶发艺术因为不在美术馆举行，所以都是以摄影和口述的形式记录下来。草间弥生户外户内时装秀时期，将社会事件反映在创作中，通过圆点形式展示出新的时尚。

1968年，这场在纽约某间大楼屋顶上进行的叫高秀大胆展示了草间所生的世界，除了在模特儿身上进行身体彩绘之外，还让圆点在地面上奔放增生。

12

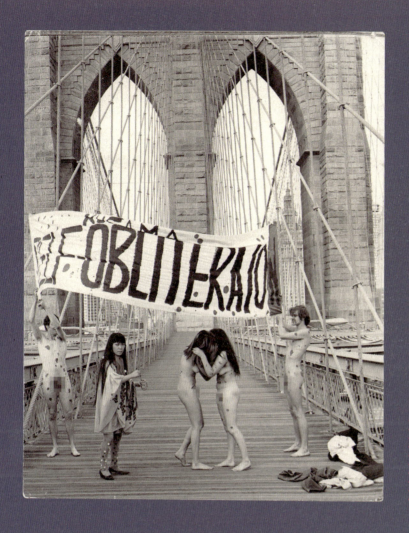

← 反战：1968 年，在布鲁克林大桥举行裸体偶发艺术展示并且烧毁美国国旗。同年他们在联合国大楼前也举办过一次。

间弥生被拘留期间，有位警察带了一个他的朋友去，说："我的朋友他很喜欢你，想来跟你握手。"

● 她在纽约的行为传回日本，被日本的媒体称为国家之耻。人们认定草间弥生是个性混乱者，甚至有日本人专门跑去纽约，砸烂了她工作室的玻璃窗。但实际恰恰相反，她的装置艺术中大量出现男性器官却是因为她对此怀有恐惧。她在年少时多次不小心看到长辈亲热，由此留下了心理阴影。她抗拒恐惧的方式就是，一直让她恐惧的东西出现在她眼前，她做了无数男性器官的软雕塑，直至对此习以为常。她与美国艺术家约瑟夫·康奈尔有一段柏拉图式的恋情。有一次，他们几天没有见面，约瑟夫·康奈尔请她去见他："我一出现，约瑟夫·康奈尔就喜极而泣，挽着我到他房间的沙发上把我压倒。然后我们就一如既往，褪下衣服，互相写生。"

● 草间弥生在 20 世纪 70 年代回到日本，本来以为只是回去探访一下，甚至连纽约的房子都未处理，可是越来越频发的精神问题让她不得不住进日本的疗养院。当有一天她意识到自己要长期住下来的时候，便在疗养院对面"花了人生最大一笔钱"买下了一栋楼作为她的工作室。

——

● 1978 年，她出版了第一本小说《曼哈顿自杀未遂惯行犯》，接下来的十年间，她除了艺术创作外又陆续出版了十多部书（小说和诗集），

并且广受好评。此前因为日本媒体的报道，草间弥生与在日本的家人关系更加紧张，她的母亲甚至给她写过这样的信："每次在媒体上看到你的事，我都觉得很丢脸，不知该如何面对邻居，我觉得愧对祖先，今天还跑去上坟。你小时候因为喉咙生病差点死掉，那时如果就那样死掉的话……"所以她讨厌当时的日本媒体，用恶劣的词语形容它们，那时日本也不认可她的艺术，直到她回到日本的十多年后，日本国家及其艺术界才真正以她为荣，并首次请她代表日本去

↑ 日本，大阪，草间弥生身披自己设计的洋装坐在《爱知 3 年展 2010》参展的草间展示间里面。

参加 1993 年的第 45 届威尼斯双年展。如今，她是日本国宝级的艺术家，从新宿到松本的长途巴士上也装饰着草间式的圆点，她在东京新宿区神乐坂附近的个人美术馆也已经建好。

——

● 从她 5 岁拿起画笔开始，她的一生，她活着的每一个

日子，都与艺术有关，艺术是她沟通世界的方式，也是自我疗愈的方式。她的躯体正在老去，内心里却依然住着那个渴望成为艺术家的小女孩。

————

● "我知道自己时日不多，所以我每天都要作画。"

————

● "从以前到现在，我要用尽我生命中最后的力量带着更多的敬畏之心继续创作。" 2012 年，83 岁的草间弥生迎来生命中最重要的一个展

览——伦敦泰特现代美术馆（Tate Modern）的回顾展，那是每个艺术家一生都盼望能登上一次的舞台；同样是在 2012 年这年，因为与路易·威登的合作，她开始涉足时尚，当她到达路易·威登公司的时候，该公司所有员工全体出动，热烈欢迎她的到来；2014 年，她的作品《无限的网》在香港佳士得拍卖会以 1500 万港币的高价拍出；2015 年，她的《梦我所梦：草间弥生亚洲巡回展》台湾站在台湾顺利举办……她的个人网站，每隔一段时间就会更新在世界某

◇ ↑ 2012 年，草间弥生亲临英国伦敦泰特现代美术馆，作品《我的永恒灵魂》首度曝光。

个城市正在举办草间弥生作品展的消息。

————

● 如今已是 87 岁高龄的草间弥生，每天白天仍然要在工作室工作八九个小时，她说停下来就会感到头疼，"要一直画到累死为止"。她不用手机，不用电脑，这样的生活持续了三十多年，她说：我独立完成所有工作，没有助手。一生中，我对一切艰难工作亲力亲为。

2 重要作品

艺术的角度 ARTISTIC ANGLE

深邃如宇宙，梦幻如仙境

Infinity mirrored room
2013
无限镜屋灵魂闪耀

波点

"地球也不过只是百万个圆点中的一个！"

"The earth is only a dot in a million!"

OBSESSIONAL ART

● 波点，即波尔卡圆点（polka dot），一般是同一大小、同一种颜色的圆点以一定的距离均匀地排列而成。波尔卡这个名字，来源于一种名叫波尔卡的东欧音乐，不是因为图案像跳动的音符，而是有一段时间很多波尔卡音乐的唱片封套都是以波尔卡圆点图案来装饰的。

———

● 草间弥生对于自己的精神状况相当有自觉，常用精神医学的属性来描述自己，自称"**执念艺术（obsessional art）**"，她觉得自己带着一种非描绘圆点不可的创作强迫症，因此创作出的作品就叫执念艺术 。这个词的来源是强迫症"obsessive disorder"，由纠缠于脑中挥之不去的忧虑（obsession）和难以抗拒的冲动（compulsion）构成，特指难以放下的偏激态度与执着。她说："地球也不过只是百万个圆点中的一个！"

执念艺术（obsessional art）：草间在自传中陈述："在任何情况下，我对性都充满了恐惧，对男性生殖器充满了恐惧。我一天到晚都在制造这些令人生畏的形象，借此克制我的感情。也只有通过这种方式，我慢慢地把恐惧变成了我熟悉的事物。"而这些以对抗强迫症带来的恐惧与幻觉为目的，以"自我消融"方式制作的系列作品，她统称它们为"执念艺术"（obsessional art）。

南瓜

"它最吸引我的是脂粉未施的大肚子，以及强大的精神安定感"

◇ 1998 年
◇ 草间弥生与南瓜

● 南瓜是草间弥生极为重要的创作符号。她十七八岁的时候，以一幅南瓜为主题的画在一个地方比赛中获奖。早在草间弥生上小学的时候，在外公经营的采种场第一次见到南瓜就喜欢上这个看上去笨笨的东西。那时，她大约十岁，已经开始出现幻听幻象："我拨开一排排的百日草把手伸过去摸，南瓜突然活了过来跟我说话。刚摘下来的南瓜带着露水，泛着温润的光，那种可爱的触感难以形容。"她说："南瓜常被用来形容无知愚蠢的人，可我为南瓜着迷。南瓜最吸引我的是它脂粉未施的大肚子，以及强大的精神安定感。"

● "我和南瓜的精华对坐，忘记世间的一切，聚精会神地把注意力集中在一颗南瓜上，就像达摩面壁十年，我花一整月的时间处理一颗南瓜，甚至到了废寝忘食的地步。"

————

● 从 20 世纪 90 年代中期开始，草间弥生积极创作许多户外的立体雕塑，让作品与普通人的距离更为贴近，其中最具知名度的便是南瓜系列，从日本的香川县直岛、福冈、秋田市，到台湾的屏东，都可以看到立体南瓜作品。

PUMPKIN

What it attracts me is the undecorated big belly,
and the strong sense of security

27

无限的网

无限宇宙的尽头是否还是无限

1961 年，纽约，草间弥生与《无限的网》作品合影。

Infinity is the end of the universe

● 《无限的网》（Infinity Nets）是改变草间弥生生命的作品，是她初到纽约时开始创作的一批尺幅巨大的系列作品。《无限的网》以暗色背景上的白色网格为特征，反复呈现千丝万缕的恒动，并最终以稀薄的白色结束了这种黑白对比。观众面对这看似单调的作品起初会感到茫然，进而会被一种暗示与沉静的气氛感染，进入"无"的眩晕中。

———

● 当时寂寂无闻的她在纽约过着孤独的生活，只有对艺术和征服纽约城的浓烈的感情支撑着她。她把初到纽约的生活形容为活地狱，因为战后的物价上涨，每一天都像是在"吃金币"过活，她常常饿着肚子在坏掉窗户的工作室里天昏地暗地创作。期间，这个作品数次诱发她的精神疾病，有好几次她都想一脚把它踹飞。作品完成后，当时纽约惠特尼博物馆正在征选艺术家作品，她背着巨大的画作走过 40 个街区去参选，但是落选了，她又背着它穿过 40 个街区走回公寓，之后大病了一场。

———

● 不过很快，1959 年，在草间弥生来纽约两年之后，她在纽约东十街 89 号布拉塔（Brata）画廊的首次个展"纯色执念（Obsessional Monochrome）"揭幕，其中有五幅《无限的网》黑白画作。这些画受到美国极简主义艺术家唐纳德·贾德大力赞扬，他还买下了其中两幅，并在《艺术新闻》上评论道："草间弥生是一位原创型的画家。展览中的五幅白色巨幅作品无论在概念上还是其实现方式上都是前卫而有力的……它发自于那些溶于平面的点，也发自于那些稍微偏离的但效果强烈的点……"

———

● 2012 年，英国泰特现代美术馆（Tate Modern）举办了草间弥生的大型回顾展，这是她在西方的第一个大型回顾展，为此她第一次离开居住了 12 年的精神疗养院来到伦敦，在主办者弗兰西斯·莫里斯女士和媒体的簇拥下，坐着轮椅被助手推进其中一个白色的展室，那里陈列着主办方从不同的地方收集过来的《无限的网》系列作品。

———

● 她看着它们，流下眼泪。

◇　RED DOTS　红色的波点

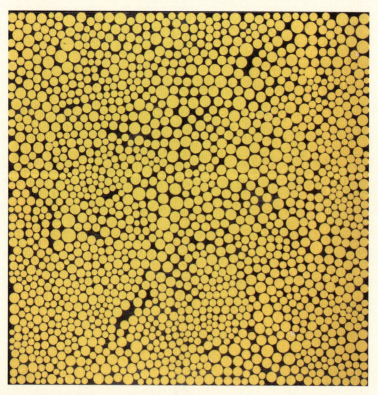

◇　DOTS OBSESSION　波点的迷恋

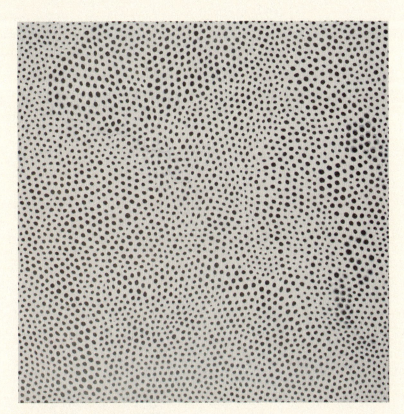

◇　INFINITY-NETS 无限的网

◇　OBLITERATION OF STARS 消失的恒星

无限镜屋

阳具原野

草间弥生首件以镜子为媒介的作品

● 阳具原野摄于纽约卡斯帖兰尼画廊举办的
《楼层展 (Floor Show)》，是草间弥生 1965 年
发布的装置作品，也是她第一次以镜子为媒介
进行创作。

INFINITY MIRRORED ROOM

Phalli's Field

阳具

软雕塑

● 软雕塑是指用布料、泡沫、橡胶、纸、纤维等软材料或者充气制作的雕塑。

● 1962 年 10 月，草间弥生在纽约格林画廊第一次发表软雕塑作品，一张布满凸起阳具的扶手椅和长八脚椅；1963 年 12 月发表的《聚集：千舟联翩》（Aggregation: One Thousand Boats Show）是在一间贴满 999 张黑白影像的暗室里，投射灯下，搁浅着一艘实际尺寸满布阳具的船。在这张照片当中草间弥生还自己担任模特儿。

● 她说："我之所以把软雕塑做成阳具的样子，是因为我害怕性，把它看作是肮脏的东西，别人往往以为我迷恋性，因为我做了这么多与性有关的事情，但这完全是误会。事实完全相反——我做这些东西，是因为我怕它们。"

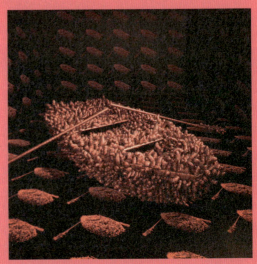

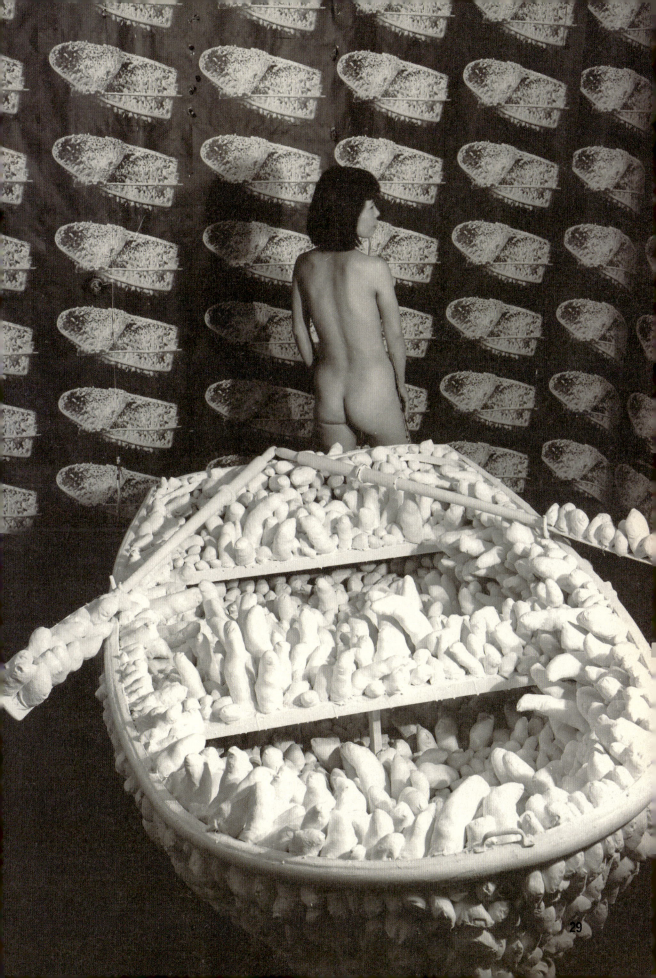

那希索斯花园

首次参加威尼斯双年展艺术装置

● 这是一件以 1500 颗镜面球组成的作品，1966 年第一次亮相威尼斯双年展，尽管没有得到此次艺术展的正式邀请，但却获得策划主席的肯定，他亲自与草间弥生一起布置，把它们铺在一片浓郁的草坪上。当天她本人穿着金色和服端坐其中，并立牌告示"一个金球价格 2 美元"，强调艺术品可以像热狗一样叫卖。这种与观众互动的方式震惊了策划单位，所以草间弥生被请出双年展，但这件装置作品在当时并未被撤走。

● 2008 年，这件曾经引起世界范围讨论的评价褒贬不一的作品，再次在英国展出，1500 颗镜面球漂浮在伦敦摄政运河（Regents Canal）水面上，随风飘动，像一条金属地毯闪闪放光。

● 2015 年，《那希索斯花园》亮相《梦我所梦：草间弥生亚洲巡回展》台湾站。

NARCISSUS GARDEN

The first time to participate in the Venice Biennial

无限镜屋灵魂闪耀

INFINITY MIRRORED ROOM

The souls of millions of light years away

● 《无限镜屋》是草间弥生自 1965 年便开始创作的装置艺术作品。镜屋里镶满了镜子，挂着很多 LED 彩色灯泡，通过灯光忽明忽暗的闪烁，营造出空间无限延伸如浩瀚宇宙般的氛围。2013 年，《无限镜屋》在纽约甫一亮相便引起轰动，是草间弥生 "I Who Have Arrived In Heaven（我已到达天堂）" 纽约个展的组成部分。前来参观的人在工作人员引导下，在镜屋里体验 45 秒的奇妙旅程，人们从里面出来，纷纷寻找合适的词汇来表达内心的震撼："缥缈"、"玄寂"、"摇曳"、"死亡和后世的影像"、"见识到了自己的渺小，也见识到了万物是如何完美共生"、"我想，它和我对天堂的想象真的很像"……后来，此作品在东京六本木的森美术馆和上海当代艺术馆展出，同样令人震撼和难忘。

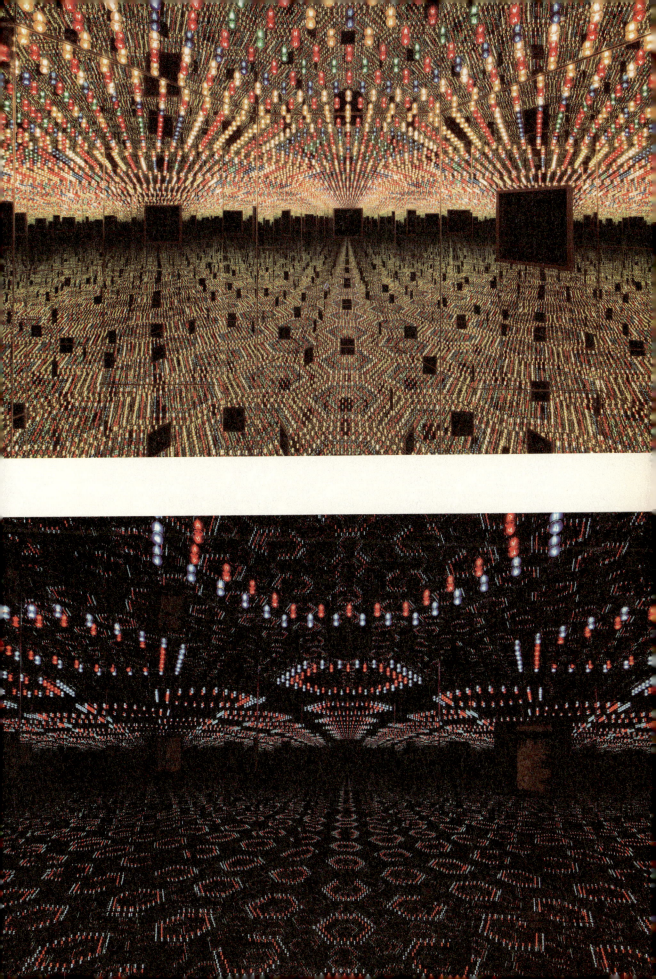

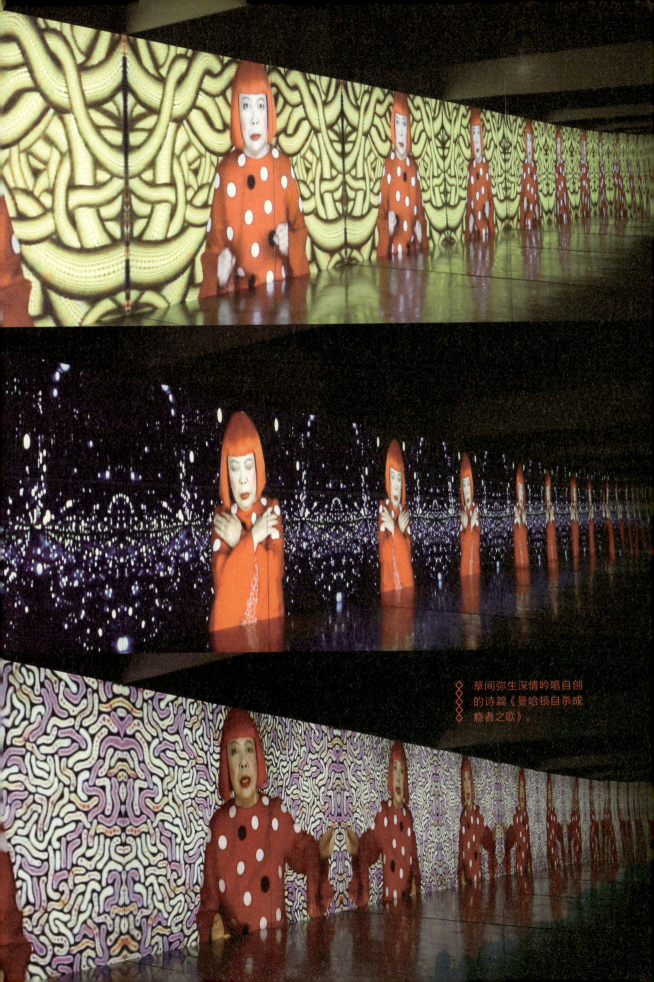

服装设计师!
FASHION DESIGNER!

草间弥生
YAYOI KUSAMA

● 草间弥生 10 岁左右就开始运用非对称的半身红半身白的毛衣装饰自己。在纽约，她的各类"偶发艺术"在纽约乃至欧洲进行得如火如荼的时候，她也常常穿着自己设计的露胸、露臀的服装在工作室走来走去。

————

● 至今，她的服装仍全部由自己设计，有着强烈的个人风格。1969 年，她成立了草间时装公司（Kusama Fashion Company），投入 5 万美元生产草间服装和纺织品，并在纽约的 Bloomingdales 百货公司设置了一个草间角（Kusama Corner），她设计的服装在全美 400 家百货公司和精品店销售。她设计同性恋的结婚礼服，设计可以同时装下 25 个人的派对礼服，设计露臀、低胸、屁股挖洞的另类礼服，这些搭配着草间弥生风格圆点的服装，深受上流社会女士的喜爱，最高的要价 1200 美元。

导演! 演员!
DIRECTOR! ACTOR!

草间弥生
YAYOI KUSAMA

● 草间弥生在表演"偶发艺术"的高峰时期创立了草间弥生电影公司（Kusama International Film.Co.,Ltd.），以邮购的形式销售"偶发艺术"现场的影片。

————

● 后来，她还拍摄了自己导演的反战电影 Flower Orgy（《花的狂欢》）和同性恋题材电影 Homosexual Orgy（《同性恋的狂欢》），并在全美各地以及世界各地的美术馆上映。在《花的狂欢》中，她将标志性的波点涂抹在自己裸露的身体上。1968 年，草间弥生创作的短片《草间の自己消灭（草间的自我消融）》获得了比利时第四届国际短片大奖与第二届日本联合树下电影节银奖。

————

● 1992 年，受日本艺术家村上隆之邀，在其执导的电影《黄玉》中友情客串一位算命师，剧中草间的台词是："不要去市区西边的美术馆，那个方向有一场大雾，单身女性很容易在那里永远迷路……"

剧作家！作家！出版人！诗人！
DRAMATIST! WRITER! PUBLISHER! POET!

草间弥生
YAYOI KUSAMA

● 草间弥生从小富有文采，小学时的作文就获得长野县的作文比赛奖，少女时期也一直创作散文和诗歌。60 年代末，草间弥生"偶发艺术"鼎盛时期，每一场表演她都自己写各式各样的标语。这个时期，草间弥生每日几乎都在创作、阅读、看戏中度过，同时在美国的文化中心纽约接受文化、艺术的熏陶：

———

● "我跑去第五大道的纽约市立图书馆和哥伦比亚大学附属图书馆，从希腊神话到莎士比亚借了一堆，回到工作室彻夜迷读，到天亮清晨窗户转白才发现'啊，天亮了'，然后去厨房喝一杯咖啡。"

———

● "从莎士比亚剧场到跨时代聚落中心剧场，每晚都是戏剧之夜。"

———

● 最后，她写起了剧本，并成立了草间弥生制作公司，第一次演出便在纽约排行前三名的菲尔莫东剧院，当时去了四千多名观众，草间因为发高烧，演出完便累瘫在后台。

● 1969 年，草间弥生涉足出版业，自己做总编辑出版发行周刊 Kusama Orgy（《草间的狂欢》），以"裸、爱、性、绘画、美"为主题在全美书报摊发行。

———

● 1975 年，在纽约生活了 17 年的草间弥生回到日本，因为受精神疾病困扰，要住进疗养院，她白天在工作室画画，晚上回到疗养院继续文字创作。1978 年，她出版了第一本小说《曼哈顿自杀未遂惯行犯》，这部小说仅用了三周就完稿。1983 年，她的另一部小说《克里斯多夫男娼窟》获得角川书店举办的"野性时代新人"文学奖，评委之一的村上隆后来与草间弥生成为很好的朋友。73 岁的时候，她出版了传记《无限的网》，除此之外还出过《圣马克教堂的燃烧》（1985 年）、《天地之间》（1988 年）、《拱形吊灯》（1989 年）、《樱塚的双重自杀》（1989 年）、《如此之忧》（诗集，1989 年）、《鳕鱼角的天使》（1990 年）、《中央公园的毛地黄》（1991 年）、《沼地迷失》（1992 年）、《纽约故事》（1993 年）、《蚂蚁的精神病院》（1993 年）、《堇的强迫》（1998年）、《1969 年的纽约》（1998 年）。

《嗨，你好》
Hi , HOW DO YOU DO !

草间弥生
BY / YAYOI KUSAMA

嗨，你好

青春正扑面而来

你们知道了这个天大的消息吗

青春它双手牵着生和死

蹑手蹑脚地站到了你的身后

舍弃黑暗的前生我现在重生

静静地接受命运的安排

从心底唱出赞美的歌

我手中满满地捧着艺术的片断

嗨，你好

它们温柔地向我低语

人世间的入口处

青春的身影正在晃动

它把重要的命题交到我手上

这时未知的恐惧和不安

开始了生死之战

今晚让我在无尽的梦里

看清这结果吧

→ 草间弥生肖像。
摄于 2014 年。

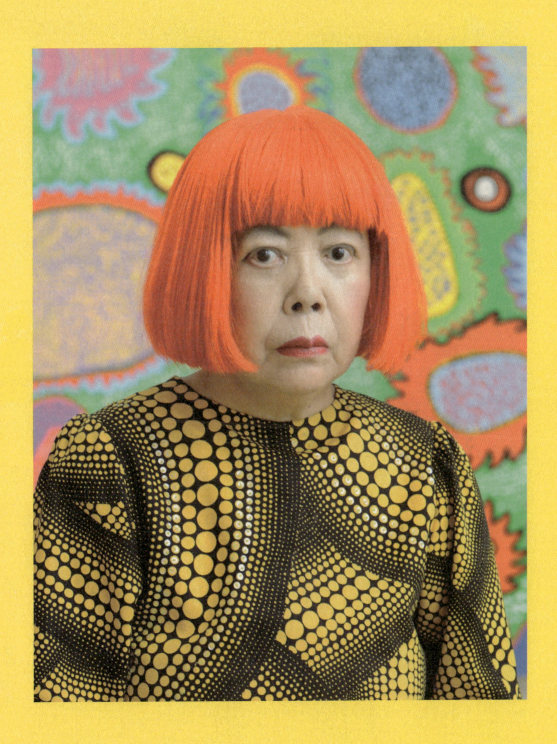

4 │ 如人饮水 │

生所遇之人 PEOPLE IN HER LIFE

迷雾森林深处，净水之源头

The Moment of Regeneration
2004
再生时刻

柏拉图恋情 / PLATONIC LOVE
约瑟夫·康奈尔 / JOSEPH CORNELL

● 约瑟夫·康奈尔（Joseph Cornell）：1903年圣诞夜生于美国纽约的奈阿克，近代美国最重要的现代艺术家、雕塑家和实验电影先锋人物，他用拼贴手法制作神秘的箱型作品，作品被全世界的各大著名博物馆展览收藏。

———

● 1962年，草间弥生的经纪人要她穿上漂亮的衣服跟她一起去见一个人。据经纪人说，这个人超级怪，平时完全不与人接触，无论艺术品经纪人多么想要买他的作品他都不卖，可是如果他们带漂亮的女生去见他，他就会卖。那天草间弥生隆重地穿了和服跟着经纪人见了这个人，他就是美国艺术家约瑟夫·康奈尔。

———

● 当时康奈尔的作品已经备受追捧，但整个纽约见过他的人却屈指可数，他在皇后区过着隐士一般的生活，是个穿着邋遢、极其腼腆的人，他出门的时候都会随身带一个袋子，

边走边捡一些石子、贝壳等，像个流浪汉。康奈尔对草间弥生一见钟情，隔天即展开惊人的追求攻势。以后的每天，他都写信给她，有一天，竟然写了14封信；他每天打无数个电话给她，以至于别人打电话给草间都打不进去，以为她的电话坏掉了。有时候，草间弥生受不了这么猛烈的电话攻势，就会接起电话后出门买面包和报纸，大半天才回来，而康奈尔就在电话那头等着，以为她很快就会回来。

———

● 但他的大半生都在强势母亲的掌控之下，从小被灌输"女人是污秽的"的观念，他在母亲面前懦弱，唯命是从。每次只要草间出现在他家，他母亲的脸色就会瞬间变差。他母亲还把草间弥生用过的毛巾当着草间的面放进大锅中煮沸消毒。有一次他们在康奈尔家的草坪上接吻，被康奈尔的母亲看见，盛怒之下的母亲提了满满一桶水，从他们两个人头上浇下去。但即便自己的女朋友

被淋成落汤鸡，深陷病态恋母情结的康奈尔也没有去哄她反而先给母亲道歉，草间弥生无法忍受被这样对待，对他说"以后都不要再踏进你的房子"。但他哀求她说："如果你离开我，我真的没有办法活下去，我会失去我所有的梦想。"虽然有很多次，她都说不要再见他了，但是每次康奈尔打电话呼唤"弥生"的时候，她都会忍不住去见他，无论多远，如此反反复复很多次。

———

● 康奈尔给草间弥生写过的一首诗：

———

● 春天的花啊 / 回来为我跳舞 / 我会为你打个结 / 就像这只蝴蝶 / 浅尝 / 你遗留的杯中物 / 现在 / 我要为弥生举杯 / 敬我思念的公主

———

● 草间弥生常常陪康奈尔一起去路上捡创作用的素材，他不但是她的爱人还是她心中最

伟大的艺术家，两个人并排走在一起看上去是一对很奇怪的组合：一个穿着邋遢像流浪汉，一个穿着高级洋装像公主。他们从 1962 年相识，直至 1972 年康奈尔去世，十年来两人一直相伴。某天晚上，他就站在那里突然心脏病发作倒下，如此突然。当时草间弥生因为有事回了东京，临行前，康奈尔还像个孩子一样拉着她求她说："拜托你不要去，为了约瑟夫留在纽约吧。"没想到这是他们最后一次见面。

———

● 这段柏拉图式的感情持续了十年，爱人的去世给草间弥生沉重的打击，她的精神问题越来越严重。1973 年，康奈尔去世的第二年，草间弥生从纽约回到东京，逃出媒体视野，独自一人在疗养院生活。谈及死亡，她说："我的爱人死前告诉我，死亡并不可怕，就像从这个房间去到另一个房间那么简单。"

◇ ↓ 再生时刻

● 乔治亚·欧姬芙：1887年出生在美国威斯康星州，分别在芝加哥和纽约学习美术，后来她一边当美术老师一边进行艺术创作。1916年，她的画吸引了纽约著名291画廊的经营者同时也是知名摄影师的史蒂格利兹，史蒂格利兹为她举办了画展。1924年，两人结婚，这一年，她开始创作著名的"花卉系列"，并以此系列奠定了她在美国艺术界的地位。1947年，史蒂格利兹去世，欧姬芙隐居新墨西哥州，过着与世隔绝的生活，1986年去世，享年99岁。

———

● 在草间弥生遇到的所有人当中，乔治亚·欧姬芙永远是被她排在第一位的。

———

● 草间弥生去美国之前，给素昧平生并已享有盛名的欧姬芙写信，得到了她的热情回复，她还点评了随信寄给她的画作。这成为后来草间美国之行强大的精神支柱。后来，草间在纽约过着困苦生活的时候，她还专程飞到纽约去看望草间。那时，她已经在新墨西哥州过着隐居的生活，却愿意飞8个小时去看望当时默默无名的草间，并提出可以照顾她的生活，令草间大为感动。她曾经送给草间一幅花卉作品，但是草间在搬家的时候弄丢了，谈到此事，草间说自己："暴殄天物，非常非常后悔。"

GEORGIA
TOTTO
O'KEEFFE

● 唐纳德·贾德（Donald Judd）：1928 年生于美国，以金属立方为主体的雕塑成为"极少主义"雕塑的代表人物。

———

● 草间弥生在纽约住东十四街 404 号公寓的时候，唐纳德·贾德就住在她的楼上，当时他还在哥伦比亚大学读研究生，是美国艺术家迈耶·夏皮罗的学生，还未开始创作自己的作品，是以艺术评论家的身份在艺术圈活动的。他喜欢草间的作品，在草间弥生纽约初露头角第一次举办画展的时候，买过她的作品，并写评论向大众引荐草间弥生。

———

● 那时，草间弥生还未遇见约瑟夫·康奈尔，也未成名，她与贾德同样一贫如洗，谁没有钱了就向对方借。但实际上贾德家境富足，只不过要在纽约闯荡不想太多依靠家里的资助，但每次回家都会带精美的食物给草间。后来贾德开始创作自己的作品，没有钱买材料，他们就去工地捡，有时候是偷，遇到有警察巡逻的时候，就假装是男女朋友抱在一起接吻。

———

● 贾德后来与一个很漂亮的女孩结了婚，但是太太却在去瑞士旅行的时候爱上另一个男人。贾德气到想要杀人，从纽约搬去德州生活，因为当时的德州杀人不会被判死刑。当然，他最终没有去杀他们，却一直在那里生活了下来，独自带着孩子，没有再婚，在一处没有人烟的地方买了一块土地，建了美术馆，里面也收藏了一些草间弥生的作品。

◊ ↑ 传向全宇宙，波点大南瓜
◊ 松本美术馆 提供

DONALD JUDD

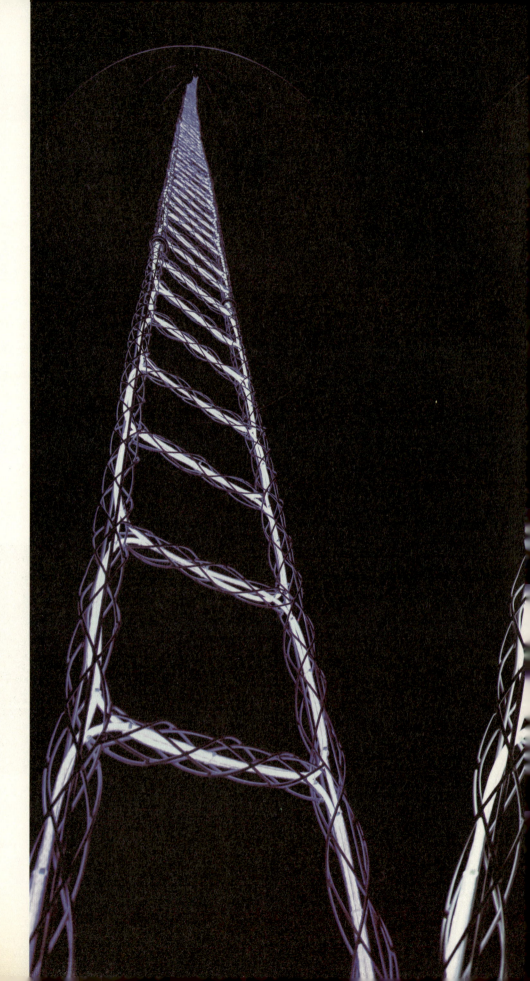

5 — 现场传真 —

梦我所梦 A DREAM I DREAMED

草间弥生亚洲巡回展台湾站

Ladder to Heaven
2012
天国之梯

特别鸣谢: Copyright of Yayoi Kusama, Courtesy of Ota Fine Arts, Tokyo / Singapore, Victoria Miro, London, David Zwirner, New York, Yayoi Kusama Studio Inc. 提供文字资料

特别鸣谢: 台湾时艺多媒体提供全方位协助

真实现场
SITUATION OF THE SCENE

● 日本当代前卫艺术家草间弥生，被誉为20世纪最伟大的艺术家之一，她炙热精彩的创作呈现于绘画、雕塑、录像、行为、装置与文字之上，游刃有余地涉足在艺术、电影、时尚与文学等多元领域之间，忠于自我的表述、激进大胆的实验，从不拘泥于任何形式。以大众痴迷的"圆点"作为亲近理解"草间弥生艺术世界"之开端，其原始的纹样和华丽的色彩，是用来具体表达人类所思所想的"爱与和平"(love &peace) 等主题。

———

● "梦我所梦：草间弥生亚洲巡回展"台湾站，由韩国大邱市市立美术馆金善姬馆长 (KIM Sunhee) 策展，以全面且多元的方式呈现草间弥生惊人的艺术创作脉络，从早期让她在纽约当代艺术界崭露头角的《无限的网》(Infinity Nets) 系列，到她最为人熟知的《南瓜》(Pumpkin) 及以缤纷色彩、重复圆点组

成的图案作品，包含装置、雕刻、绘画以及影像等近120件作品，大规模综合呈现草间跨度六十年的艺术创作，引领观众透过展览一同深入全球瞩目、无限蔓延的草间世界！这是近年与目前唯一的草间弥生亚洲巡回展，首站于韩国大邱市市立美术馆展出后，陆续于上海当代艺术馆与首尔艺术中心展出，深获观展民众好评，2015年巡回至台湾高雄与台中两地，让台湾民众有机会一睹草间弥生作品的魅力。

———

● 亚洲巡回展之所以更胜于2011年起的欧美草间弥生回顾展，在于展品自经典中添入新作，不仅囊括了草间弥生最具代表性的艺术创作，更特别展出2013—2014年草间弥生多样化的艺术新作，如《我的永恒灵魂》(My Eternal Soul) 系列中的最新绘画，而台湾站首度曝光的作品是《无限镜屋－灵魂闪耀》(Infinity Mirrored

Room – Brilliance of the Souls)，为著名镜屋系列中的2014年全新创作。在梳理草间创作生涯的同时，也让观众感受她以86岁的高龄仍持续不懈创作的惊人艺术能量。如同本次亚洲巡展策展人金善姬馆长所言："我希望透过亚洲巡回展让更多观众体验草间弥生惊人的艺术爆发力！"

◇ ↓ With All My Love for the Tulips, I Pray Forever
2013
为挚爱的郁金香永恒祈祷

展览资讯
EXHIBITION INFORMATION

● 经典再现 1966—2012

———

● 呈现草间弥生艺术生涯六十年间的经典作品，完整呈现其独特的艺术风格。幼年时代她患偏执狂的强迫症，这种疾病，却成了艺术之灵。她曾经说过在她的作品中反复出现的特定花纹等因素的扩散，完全出自对占据在她本身大脑中的物体形象的感观认识。强迫症以及幻觉成了她创作的基础。

———

● 全新创作 2013—2015

———

● 本展展出数十件草间2013年的全新创作，让人从中体会86岁的草间弥生每日往返医院和工作室，精神抖擞地完成作品的旺盛创作能量，相信，观众将可通过此次的展览，一同踏上一条追寻草间弥生的幸福巡礼者之路。

———

● 基本讯息

———

● 中文展名：
梦我所梦：草间弥生亚洲巡回展台湾站

———

● 英文展名：
YAYOI KUSAMA , A Dream I Dreamed

◇　↓ 为挚爱的郁金香永恒祈祷

作品赏析
WORKS APPRECIATION

圆点执念
DOTS OBSESSION 2015

● 红底白色圆点图案的巨大气球，散落在空中、地面，同时填满空间的气球亦是个圆，因此数以万计的圆就这样满布在观众眼前。在气球内部，白色圆点随着镜面反射延伸至整个空间，让观者有种被淹没的错觉，就像作者为其命名"圆点执念"，就是执意让你无法忽视这些色彩亮丽、可爱的圆，同时也逐渐产生被密集圆点吞噬的恐惧。

——

● 圆点可说是草间弥生的代名词，虽然圆点总被人当作可爱的元素，但在其作品中，却显现出一种征服观众的强烈存在感。草间自幼为强迫症所苦，创作的圆点是不断出现在她眼中的幻觉，而她自我治疗的方法，就是拿起画笔，让"自我消融"在其不断衍生的幻觉之中，因此草间的圆点也显示出生命中一切的喜悦、伤痛与快感，更成为她创作的主要元素。

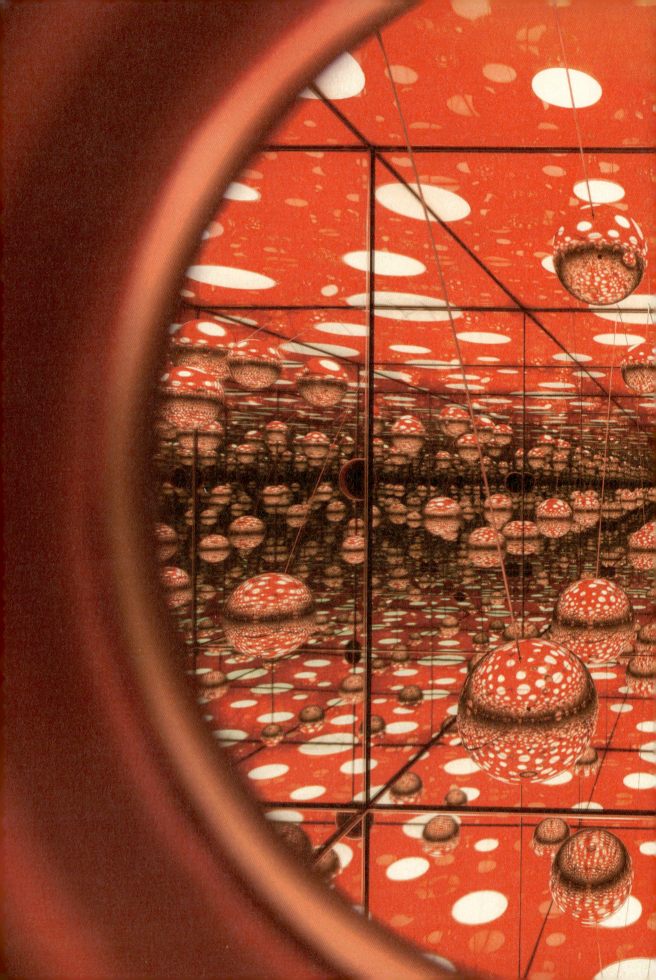

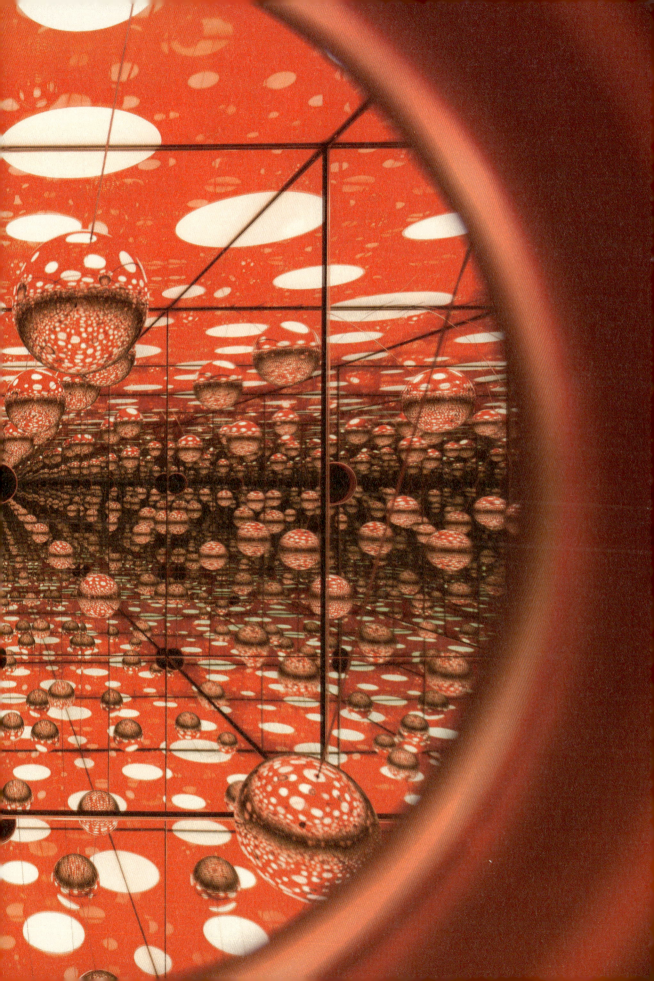

狗狗系列
DOGS
2013

● 狗狗系列源自草间弥生 2004 年在东京森美术馆展出的装置作品《嗨，你好！》(Hi, Konnichiwa!) 里与少女在草原上自由自在玩耍的狗狗，草间弥生曾说这系列作品表达的是青春期的少女对周遭世界的新鲜与惊奇感受，是对幸福的期盼与憧憬，传递着"爱与和平"。

● 草间弥生给每只小狗都取了名字，分别是：Tat-Chan（小龙）、Kenji-Chan（小健二）、Jiro-Chan（小次郎）、Toko-Chan（小童）、O-Chan（小欧）、Sho-Chan（小正）。

消融之屋

THE OBLITERATION ROOM
2002–2015

● 草间弥生创作的装置艺术作品，感染力十足，而这件作品，是其中最具互动效果的一件。在普通家庭摆设的纯白空间里，前来参观的观众，可以拿起五颜六色、大小不同的圆形贴纸，随意拼贴在想要贴的地方，随着时间推进，每日变换不同的风貌，最后房间被各色圆点覆盖着，展期也接近尾声。

———

● 观众在此不仅是参观者，也是创作者。同时，每个参与拼贴的观众也都像是草间弥生的使者，为她贯彻想要用圆点覆盖这个世界的执念。

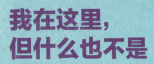

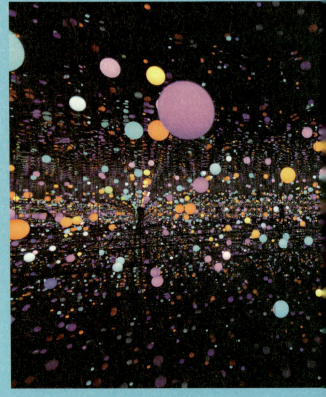

我在这里，
但什么也不是

I'M
HERE,
BUT
NOTHING
2105

● 90 年代后期，草间弥生开始重新探索暗室与镜屋的装置艺术，此件作品是其中最让人印象深刻的。在一个幽暗的室内空间，展示一些家具和日常生活用具，然而在草间的作品中，中产阶级抑郁的形象总是挥之不去，并且慢慢转型成一些非真实的东西。这个房间和它所有的家具都覆盖着荧光的斑点贴纸，并在微光中闪烁。

───────

● 这件作品再现了草间的内心世界，遍布整个空间的圆点是她幻觉的形象化和重现，参观者在这个空间里隐约感受到的不安，是夜以继日纠缠草间弥生的精神官能症的投影，而她对抗疾病的方式，就是逼迫自己面对恐惧与幻觉并让自己淹没其中，观众在参观此作的同时，也正随着草间弥生一同体验"自我消融"的过程。

无限镜屋：
灵魂闪耀

INFINITY
MIRRORED
ROOM:
BRILLIANCE
OF
THE
SOULS 2014

● 草间弥生喜欢在作品中探索无限空间的魅力，在《无限镜屋》（Infinity Mirrored Room）作品中，借由铺设镜面的墙壁与天花板，草间创造出无限延伸的空间，再透过镜面与地上的水面投射，她让黑暗的空间撒落无数如粒子般的光点，光点延伸放射，直到无垠的镜面深处。观众在参观的同时，周游于架设在地面上的水道，仿若置身浩瀚宇宙，见证粒子的增生与消解。草间试图透过这类创作带给观众一种无限的感觉，并让人忘却自我。

永恒的爱系列
LOVE FOREVER
2004-2007

● 此系列 50 幅大型布面作品是 2004 年至 2007 年间，草间弥生一笔一画用马克笔绘制，之后再以绢印方式制作而成的。这些作品除了不断重复的眼、圆点、侧脸、波纹以及旗帜图腾外，还有蝴蝶、花朵、嘴唇、牵着狗或是提着手提袋的女人等图案。这些作品虽然也如同《无限的网》(Infinity Nets) 系列作品反复使用重复的元素，但是却带给观者截然不同的印象，不像草间弥生过去那些充满偏执的创作，相反的却如同她的命名"永恒的爱"一样，阐述着喜悦与希望。也可视为《我的永恒灵魂》(My Eternal Soul) 系列创作的前身。

———

● 《草间弥生之最爱》(Near Equal Yayoi Kusama 2008) 这部纪录片以将近一年半的时间贴身拍摄草间弥生创作《永恒的爱》(Love Forever) 系列作品的过程，纪录片尾声，草间一个人踽踽行走于由这系列图绵延而成的长长道路上，让观者无不为之动容，更让人惊叹她的坚持与毅力。

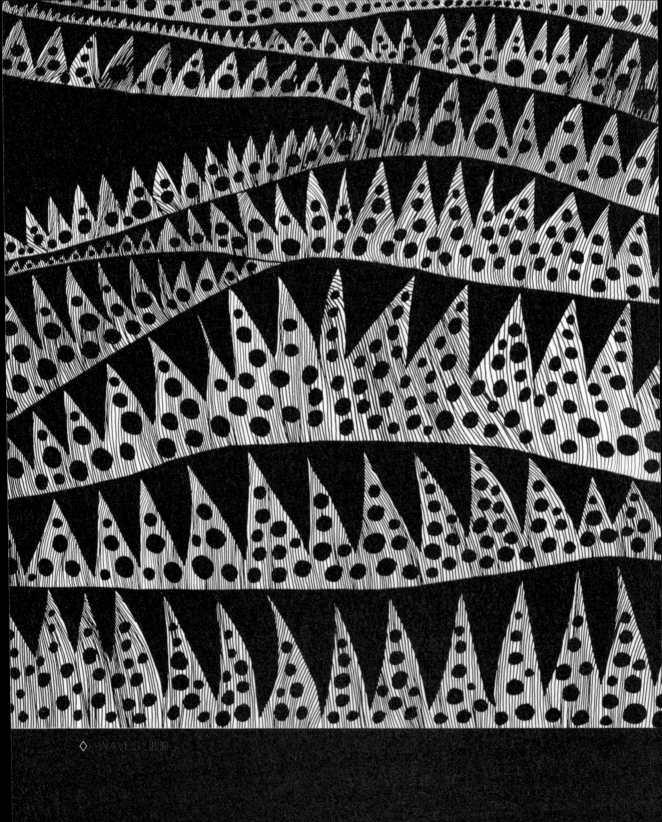

◇ LOVE FOREVER 爱是无限

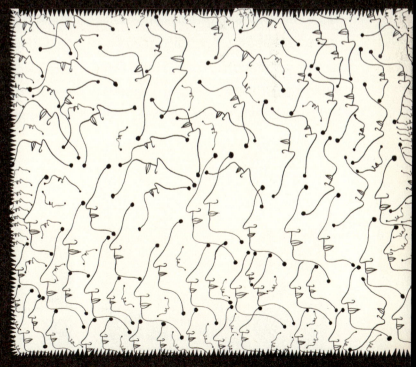

◇ WOMEN IN A DREAM 梦中的女人

我的永恒灵魂系列
MY
ETERNAL
SOUL
2009–2013

● 《我的永恒灵魂》(My Eternal Soul) 是草间弥生最新的系列绘画作品。她重复地使用早期创作即出现的图案如圆点和网，以及《永恒的爱》(Love Forever) 系列作品中不断重复的眼、侧脸、蝴蝶、花朵、嘴唇、狗和女人等图案，以醒目的色彩和金属颜料，即兴地将具象和抽象的图像混合表现在画布上。画作中的形体大多为直觉的表现，而非恐惧的奇思幻象。这些作品似乎显示出她的心灵平静祥和，精神错乱的状态也渐趋改善，正如这些作品的命名如《日照光辉》(Radiance of the Sun)、《春天来到女人身边》（Spring Has Come to the Women）一样，具有诗意及隐喻。

———

● 自 2009 年到 2013 年中，此系列已经有多达 310 件作品，并已成为草间弥生最大规模的系列作品。这系列作品的首度亮相是在泰特现代美术馆于 2011 年主办的草间弥生回顾展，在展出之初即吸引了全球的目光。

———

● 与她早期的单色调作品相比，在这系列作品中她采用了更加强烈并且鲜明的表现形式，正如草间弥生自己所说："我想要画 1000 幅至 2000 幅画。我想要继续画画，即使我死了，我也会继续画画。"而这个系列，不仅展现了这位伟大艺术天才的成熟风范，更重要的是，这也是草间用生命极力描绘自己生活的经典之作。

◇　WATCHING A FESTIVAL WITH WIDE-OPEN EYES　睁大眼睛看一个节日

◇ ALL ABOUT MY LOVE AND I LONG TO EAT A REAM OF THE NIGHT
2009 年
想要将我所有的爱，以及夜晚的梦都吃下去

◇ AN ENCOUNTER WITH A FLOWERING SEASON
2009 年
邂逅开花的季节

◇ RADIANCE OF THE SUN
2009 年
太阳的光芒

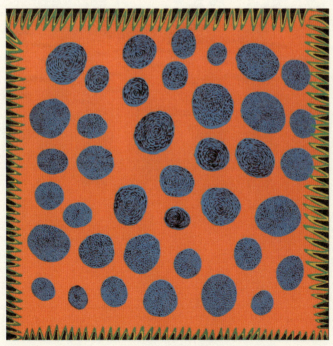

◇ STARDUST IN THE EVENING GLOW
2012 年
暮光中的星尘

6

真实之味

体会草间弥生
TASTE YAYOI KUSAMA

日本松山宝庄酒店和松本市美术馆

Pumpkin
1998 年
南瓜

草间弥生 × 波点侵袭日本松山宝庄酒店
YAYOI KUSAMA × TAKARASO HOTEL

● 宝庄酒店（Takaraso Hotel）是一家位于日本四国岛爱媛县松山市道后温泉的酒店。道后温泉在8世纪成书的历史书《日本书纪》中就有记载，是具有3000年历史的日本最古老温泉。宝庄酒店位于温泉街中心的高岗上，可一览松山城景和品尝新鲜的濑户内佳肴。在为了庆祝道后温泉120周年而举办的温泉艺术节期间，宝庄酒店特别邀请草间弥生来为酒店设计客房。草间弥生为宝庄酒店一共设计了三款特别住房，分别是大红色调的 Love Forever

游客可登录酒店的主页或者登陆 http://www.jalan.net/、http://rurubu.travel/、http://travel.rakuten.co.jp/ 等日本旅行网站预定。参观的话，可提前致电酒店的预约中心咨询。

房间、黄色波点南瓜的 I Carry on Living with the Pumpkins 房间和紫色布满波点的 I'm Here, but Nothing 房间，以及一个咖啡休息空间。每个房间都具有浓浓的草间风情，随着名字的变化呈现不同的风格。除此之外，室外大范围的公共区域也被规划成了草间弥生的展览空间，让圆点布满所有眼睛所见之处。到 2015 年 3 月份，草间女士的客房已经接待过 1 万人左右住宿和参观。

🟡 图片提供 © Takaraso Hotel

草间弥生艺术专区：松本市美术馆
ART AREA OF YAYOI KUSAMA：
MATSUMOTO CITY MUSEUM OF ART

● 松本市美术馆位于草间弥生的家乡日本长野县松本市中央 4 丁目 2 番 22 号，2002 年 4 月建成。美术馆特别设置了草间弥生专区，受草间弥生的委托，收藏了她在松本时期，也就是 1957 年之前的几乎所有作品，此外还有很多周边产品供喜欢草间弥生的粉丝购买纪念。

从 JR 松本站步行 12 分钟或搭乘巴士 5 分钟后到达。如果是团体来访，为确保有车位，需提前联系。

◇ ↓ 2002 年，松本市美术馆。草间弥生坐在她的艺术装置"幻の华"前。

旅馆
HOTELS

INFORMATION

日本宿泊文化
不见星级，以心而居
JAPANESE ACCOMMODATION CULTURE

● 很多去过日本的人，都会对日本的服务行业留下深刻的印象，从日本的住宿、餐饮中都能够很容易感受到日本的服务精神。说到日本的住宿设施，尽管早就有诸如喜来登、万丽这样的全球高级酒店集团在日本发展了，但是日本的本土酒店一直没有采取星级酒店的分类标准。也许对于充满服务精神的日本而言，他们的整个行业都处于一个极高的服务水准上，分不分级别，其实已经不重要了。

● 事实上，日本早已经完善了一套酒店住宿行业的分类方式与独特文化，这种基于日本传统社会礼仪与服务精神的文化，也许早就已经凌驾于全世界酒店服务业的平均水准之上了。在表现旅馆酒店住宿概念的时候，日本人喜欢用"宿泊"这个词汇，大概是"泊"这个字更有心如止水的含义吧。

● 其实无须太多的例子。如今世界上公认最古老的、传承至今的历史最悠久企业之一，便是位于日本山梨县的一处温泉旅馆——西山温泉庆云馆，从公元705年开始创设至今，历经五十多代传人，作为世界历史最悠久的企业，自然也是世界上最古老的旅馆。

● 公元705年，中国发生了什么？这一年，一代女皇武则天逝世。时至今日，西山温泉庆云馆仍然正常营业，仿佛时间没有留下什么印痕。而这并不是个案，世界第二、第三古老的旅馆同样花落日本，亚军的称号属于兵库县城崎温泉的千年之汤"古まん（音man）旅馆"，于公元717年开业，而石川县小松市的粟津温泉法师旅馆，于公元718年创设。

● 日本的温泉旅馆，不以奢华的装修取胜，有些初到日本的人，可能还会认为一些温泉旅馆低调古朴的装饰不够"高端"和"上档次"，但只要住上一小段时间，哪怕只是一两晚，你的想法也许就会改变了。日本温泉旅馆的文化传承，已经无需用奢华的外表来粉饰自己。精细的餐食、舒适惬意的温泉、细致入微的服务，拉开古朴的木制拉门，枕着榻榻米入眠；或是浸泡温泉中聆听森林与泉水的声音，不知不觉间，人与自然的节奏共同呼吸，心境真的就放松下来了。温泉旅馆是日本最治愈身心的放松体验，也是日本宿泊文化的精髓。

● 日本的宿泊文化中，住宿设施的多样性与划分门类的规律性，也是一个重要的特质。除了温泉旅馆，还有家庭旅馆式的民宿，也成了日本旅宿的一个符号。民宿规模不大，但在住宿设施中最有家的味道，因为很多民宿本身就是人家。最近，在日本，除了日式的民宿，还有一些欧式概念的民宿也逐渐增多，这些欧式民宿多使用西洋名称，以 auberge（客栈）或 pension（寄宿）作为前缀，房屋装饰也采用了欧式风格，在北海道这样欧风气息相对较为浓厚的地区比较多见。日本的青旅则与别的国家相同，充满大家庭气息，年轻人在此相聚，人人都有缘成为朋友或恋人。

——————

● 回到城市，或是没有温泉设施的观光地，城市旅馆与商务酒店还有观光酒店主宰了这些地区。通常，日本所指的城市旅馆，大体对应的就是我们所说的星级宾馆，那些国际酒店管理集团所开设的大酒店；商务酒店以廉价快捷为特点；观光酒店则融合了高级宾馆与温泉旅馆的特性，以较大的规模、优质的餐饮与温泉设施吸引游客。这些看上去与我们所熟悉的酒店并无二致，但是，如果想开启一段在日本的城市探险，情人旅馆与胶囊旅馆则成了城市丛林中看似隐没，却无处不在的栖息之地。

● 日本的情人旅馆，外表有些难以描述，也许用低调中透着高调来形容可能比较合适。情人旅馆往往隐没在楼群不显眼的角落里，但是看板（招牌）的字体、暧昧的灯饰与楼宇装饰的整体氛围，又让人一看就觉得与商务酒店感觉不同，这种低调中透出的高调，也是日本宿泊文化中非常有趣的一环。

——————

● 在日本的旅馆行业法规中，胶囊旅馆是非常独特的一个门类，其不属于宾馆营业的范围之内，而被归为"简易宿所营业"的对象。作为城市扩张的一种妥协化的产物，胶囊旅馆以廉价、节约空间、单一住宿职能最大化作为其最直截了当的存在目的，让一些囊中羞涩的学生、年轻的打工族，还有辛苦辗转，因喝酒或加班不慎错过末班车的上班族们，找到了城市丛林中过夜的居所。公用储物柜、公共浴室、一间容身的胶囊太空舱，闭上眼睛，明天起床时不要碰到头——无论碰到还是没碰到，请记住自己在胶囊旅馆夜宿的岁月。不过，胶囊旅馆并不是最凑合的居所，还有更

对付的过夜方式，那就是通宵营业的漫画喫茶（漫画茶室）/网吧。日本的网吧一般都会提供漫画、软饮料和舒适的座椅，也会默许人们在这里过夜，这使得一些半失业状态的人群，或是夜不归宿，甚至无家可归的人群来到网吧过夜，催生了日本新的族群——"网吧难民"，也成了社会问题。

——————

● 无论如何，宿泊都是人在旅途的写照，日本不同的宿泊设施，都在各自治愈着不同的人群。日本孕育出了如此多样性的宿泊文化，在一定层面上也反映出了日本社会的多样性，每一个走在路上的人，都会在入夜的宿泊地来治愈自己的身心，无论走在路上的原因为何，希望每一个旅途中的人都会有好梦。

传说中的出世前广场
THE LEGENDARY "BEFORE-SUCCESS" SQUARE IN OTARU

● 位于北海道的小樽市，是一座因海运而兴盛起来的百年港城，在这里有一处由海运仓库文物建筑群改造而成的繁华购物街——堺町。由于早期开埠的海港城市多采用西洋风格的建筑，两旁的建筑处处都充盈着欧式风情，这是明治后期与大正年间流行在东洋的西洋景。著名的北一硝子馆（硝子，即玻璃制品）与小樽八音盒堂等小樽特色的工艺品店，与当地很多著名的甜品店，都坐落于堺町。

———

● 我们来到小樽，原本是为了寻找电影《情书》中的藤井树在这座城市留下的踪影，在这样一座充满着浓浓的复古风情，遍地都是精致小店的观光都市中，从来都

不缺乏餐饮和酒店的选择，我们却被位于堺町一隅的一座小广场和广场里并不太起眼的一处民宿所打动。几座大正、昭和风情的欧风老建筑安详地立在这里，合围成一座小广场，同样是充满怀旧情调的人力车夫、一家和服店与一间咖啡馆分布在广场周围。

———

● 一座二楼是民宿，一楼是餐厅的欧式木制小楼，一间以出售昆布（日语习惯称海带为昆布）制品为主的海产店，组成了广场的主体。过道上方，一道写有"出世前广场"的横幅挂在两楼之间，原来这里就是传说中小樽远近闻名的"昆布大王"蓑谷修先生所创建的迷你商店街，富有大正昭和时代复

古风情的"出世前广场"。

————

● 说这里特别，是因为出世前广场并没有以玻璃制品、八音盒、甜点等小樽特产为噱头，一间和洋风情杂糅的民宿"御宿樱井"、一间海鲜料理餐厅"食事处惣吉"，与以经销昆布及昆布深加工食品为主的海产店，构成了出世前广场的主体。其间流露出的古早气质，与小樽一般游客常去光顾的同质化商铺相比，更接近小樽的历史风貌。整座广场的主体建筑是拥有 120 年历史的原小樽"酪农会馆"，民宿、餐厅与海带商店便开设于其中。不仅是主体建筑本身仍然保留了怀旧气息，广场周边配套的和服店、咖啡馆、照相馆、人力车夫，都忠实还原了大

正时期的时代风貌。在这背后，能够看出经营者的个性和对于传统的执着，这样的小樽更接近历史，也许也更接近当地人希望呈现给游客的城市原貌。

蓑谷修先生与御宿樱井
MR MINOTANI OSAMU AND
ONJUKU SAKURAI

● 蓑谷修先生在当地是远近皆知的名人，我们来到民宿"御宿樱井"，蓑谷修先生刚好也在，他平时最喜欢的事情之一，就是为来店就餐或是住宿的远方客人讲述他所亲身见证的小樽，如何在近几十年由一座港务废弛的夕阳城市，转型为人气观光城市的历史。作为海带店"利尻屋みのや（音MINOYA，蓑谷的日文发音）"、民宿"樱井"及料理店"惣吉"的经营者，也作为这座城市转型的见证者，老人如今已经是七十多岁高龄了。

————

● 民宿"御宿樱井"在"酪农会馆"的二楼，一楼则是海鲜料理餐厅"食事处惣吉"。餐厅的门面看上去简简单单，甚至有些不显眼，大凡日本明治大正时代的建筑设施，无论是商铺、学校还是政府，门脸都很低调，这里也是如此，低调得几乎会让行路匆匆者错过，但也会让渴望发现的人们愿意进去一探究竟。除了一辆停放在门口作为摆设的老自行车，就是一些简单的招牌与灯箱了。不过，每一处招牌上，都写着同样的一句话："连吃七天，再照照镜子看。"这是什么意思呢？

————

● 左手一侧的招牌则更加有趣，招牌上的画像中，一位腰缠昆布的女神翩翩起舞，旁边除了"连吃七天，再照照镜子看"的宣传语之外，还写着"卑弥呼也吃过的美食膳"，这位女神是日本曾经的女王卑弥呼吗？招牌的旁边则介绍着餐厅的推荐菜品，主打北海道北端的离岛、利尻岛的海鲜料理。

————

● 还没到午饭的时间，店里的客人并不是很多。环顾四方，店内的风格有着日本传统的古朴，整座房间以暗调的木造结构与木制陈设为主，暗色的木结构房梁诉说着这座房子的久远历史。餐桌的正中是一片火炉，炉子上面或悬挂，或摆放着可以加热食物与热水的烧锅；吧台附近立着几台黧黑的，有着蒸汽时代印记的老式火炉，上面摆着用来蒸食物的笼屉，角落里悬挂着很多面充满岁月感的发条时钟，墙上则贴着大正昭和年间的啤酒海报；整体细节上，杂糅了西洋与东洋的复古风情，符合人们对于百年洋风小樽的怀旧情绪与想象。角落里还摆放着老式的唱片机与小樽代表性的煤气灯，屋子里十足的大正昭和光景。

————

● 一套新鲜诱人的鲑鱼籽配扇贝海鲜拌饭定食（定食，意为套餐）端了上来。蓑谷修先生得知我们从中国而来，非常好客地跟我们打起了招呼，一来二去，我们的畅谈也由此开始了。

沉醉在旅愁中
LOST IN TRAVEL MELANCHOLY

● 自20世纪80年代开始，小樽也由单一产业型都市成功转型为了旅游产业城市，通过早年往来利尻岛与小樽做昆布生意积累的资本，蓑谷修先生在小樽的堺町开发了迷你商业街"出世前广场"，经营自己的特色民宿、餐厅和昆布商店。"出世前"的名字听起来有些奇怪，蓑谷修先生解释说，广场的背后是一条名为"出世坂"的坂道，因为沿着"出世坂"上坡，会一直通向小樽海运全盛时代日本最著名的商船公司，原"板谷商船"社长的府邸，因此当地人希望借借小樽巨商的福气，便将这条坂道称为"连接出世成功者的坂道"。出世，在日语中有出人头地的意思，出世前广场，自然就是"通向出人头地坡道之前的广场"。

_____

● 身在一座钟情于欧风复古情怀的海港城市里，蓑谷修先生自然也受其熏陶，当他成功地在"出世坂"前站稳脚跟之后，对于他的民宿"御宿樱井"与餐厅"惣吉"，蓑谷修先生开始了天马行空的大胆改造。

_____

● "从把父亲给我留下的自行车布置到店前开始，我就一直喜欢把外面搜集来的老物件，甚至是一些废料布置到我的店里。这是一种拮据小生意的情怀，用拮据的精神做经营，不能忘了初心。"蓑谷修先生说。

_____

● 和洋的碰撞与融合，就这样把大正昭和的原风景藏在了久历岁月的民宿中。

_____

遥远的落日，
是异国的风吗？
沉醉在旅愁中，
洋灯的光明。
不断的想念，
在小樽积聚。
寄放在仅有的四个房间，
就在樱井之宿。

● 这是一位友人赠予"御宿樱井"的一首诗。在二楼的民宿"御宿樱井"，我们也感受到了这种只有在小樽的空气中，才会飘荡的浓浓怀旧情绪。这种情绪不是乡愁，只是人在旅途中，触景生情时，一丝莫名涌动的伤感，在这样一间充满着治愈味道的旅宿里，得到了慰藉与释放。

东西洋的结合
FUSION OF EASTERN AND WESTERN WORLD

● 可以看出，店主人蓑谷修先生是一个喜欢收集欧风古董的爱好者，他店铺的装饰风格时常夹杂着一种和洋混搭的个性气息，与小樽颇为欧化的城市风貌浑然天成，但与同行业的住宿设施相比，则堪称离经叛道。

——

● 一楼的餐厅有所体现，二楼的民宿则达到了极致。"御宿樱井"的房间不多，如诗中所述，一共只有四间，分别为"明治之间"、"大正之间"、"昭和之间"与"不老长寿之间"。

——

● 每一间都使用了富有古早气息的木艺家具进行装饰，日式的拉门、榻榻米卧室里，却安装着西洋的吊灯，古董沙发又摆在一旁，和风与洋风带来了强烈的反差，却通过注重细节的日式精致布局与陈列，听起来冲突，看起来却又和谐统一地将和洋物件杂糅在一起，形成了巨大的视觉冲击力。

——

● 民宿所在的建筑本身作为一座会馆式的欧风洋房，立面和走廊均保留了原来的样貌。能够看出，在他的民宿里，处处都体现了店主人的个性与主张，他将四处收集来的藏品统统罗列其间，带来了只有在小樽这样早年开埠的港口城市，才能够感受到的"和式洋风"。

● 与同行业或纯粹欧式，或完全和风，易于流于形式的住宿地相比，这里无疑是充满独特性格的，不会像堺町一些被观光客占领的店铺那样，用现代的装饰内容与古老的建筑空壳，割裂了小樽的历史风貌。"御宿樱井"所带来的旧时小樽情怀，是一种扑面而来的感性，只要走上二楼，拉开房间的门，立刻就能感觉得到了。无论是走遍西洋，还是行走东洋的异乡客，在人生过往的旅途中，总会有一些回忆的片段；无论是璀璨的水晶吊灯，还是温馨的木头拉门，过往的人们，总能在这样的房间

里找到一个释放情怀的窗口。

————

● 通常日本民宿相对会提供较为简朴的餐食，在他这里则得到了颠覆与放大，民宿一楼即是一间高规格的利尻岛主题海鲜餐厅，在保留了日式风格的同时，仍然装饰有欧式复古的挂钟、煤气灯、唱片机、老家具等他从各处收集来的西洋老物件，甚至是一些废木料，也会被他拿过来，装饰在包括房梁、立柱之内，任何可以利用到的地方。

————

● 昆布、美宿与美食，在这里完成东洋与西洋的时空穿梭之旅。

————

● 蓑谷修先生说，无论是民宿，还是昆布商店，他在自己作品中希望表现的是一种冲突下的和谐，就像当年50岁时的自己，有着小伙子才有的冲劲，毅然辞职并去创业，这本身就是与社会冲突的。如果说打破常规是他的追求与个性使然，那么从小就随着做昆布生意的父亲，接触到很多昆布相关的知识，则为他提供了灵感，欧风盛行的小樽更是为他提供了发挥的舞台。

————

● 广场上我们看到的腰缠昆布的女神，原来都是蓑谷修先生的创意，源自将杨贵妃与卑弥呼的形象相结合，所创造的"昆布女神"：相传杨贵妃非常热衷于用昆布保养皮肤，甚至会在入浴的池水中放入昆布；而女王卑弥呼也是昆布的拥趸。"连吃七天，再照照镜子看"则是表现昆布养颜功效的宣传语：只要连着吃上一星期的昆布，镜子中的皮肤就会变得不同。同时，为了宣传他独树一帜的昆布文化，他还在附近开设了一家昆布主题博物馆，介绍自渤海国时期兴起，有关北海道与环日本海、环鄂霍次克海的北方民族自古以来就一直保持繁盛的昆布贸易。

泡汤之后再品一杯咖啡
COFFEE AFTER SPA

● 老先生与我们聊得尽兴，要亲自下厨，为我们烤制北海道特色的"成吉思汗烤羊肉"，我们盛情难却，只得答应。其他店员也忙碌起来，虽说是民宿附属的餐厅，但料理人的技艺、美食的精细与味道，完全不输给任何一家高档的日本料理餐厅。"御宿樱井"中的生活气息仍然是最日本的元素，像所有宾至如归的民宿一样，大快朵颐之后，换上浴衣，到民宿中的"汤"（浴池）里慢悠悠地泡个澡，这还是日式旅宿的习惯，出来再品一杯咖啡，在西洋装饰与东洋生活方式中完成一次历史的穿越。

————

● 至于小樽，到底是一座什么样的城市？或许外来游客所看到的小樽，和像蓑谷修先生这样的本地住民，所希望呈现给我们的小樽是不一样的。在我们这样外来游客的眼里，小樽运河、《情书》拍摄地的船见坂都是浪漫的象征，冬季风雪夜堺町

的沿街小店，煤气灯昏黄，里面传来了八音盒"Silent Night"的旋律，而小樽花样繁多的甜点、日本顶尖的寿司又成为各地食客大快朵颐的重点，每一个外来游客的眼中都有一个这样的小樽。

————

● 可一直以来，我们也许并不够关心这座城市的历史，与经历这些历史的人们，在本地住民的眼里，小樽静谧、温和，与世无争，既很日本，又很欧风。这里曾经有过"北方华尔街"的荣光，也有过20世纪后期的衰落，现在的

小樽，几经浮沉，以一个"观光都市"的全新姿态走进了人们的视线。现在的小樽或许已经无法回到当初的模样，但我们记得在"出世前广场"，还有一间和式洋风的治愈系民宿，我们可以在这里尝尝北海道最棒的昆布美食，或许还会遇到一位矍铄的老人，他会跟我们聊聊他的旅宿、他的"昆布王国"，和一些有关小樽的老故事。

————

● 在这些老故事里，有最直接、最真实的小樽兴衰记忆。

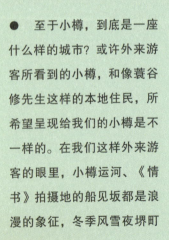

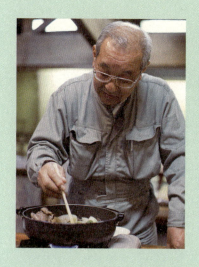

TIPS：位于日本北海道的港口城市小樽，因作为《情书》、《将太的寿司》等经典日本影视剧拍摄地而名扬亚洲。在明治时期，小樽曾作为重要的海运港口而兴起，渐渐的，像很多沿海的通商口岸一样，大批金融机构纷纷进驻，一时间，小樽留下了"北方华尔街"的美名。随着传统海运走向没落，小樽的金融业随之萧条，整个城市进入了低迷的发展阶段，后来成为城市地标的"小樽运河"，一度因是否填埋而引发了争议，"夕阳都市"的称号曾伴随小樽走了很远。最终，在市民的坚持下，小樽保留了运河的一小段，海运仓库建筑及金融业历史建筑群也随之保留，城市的历史风貌基本得以留存，一些商人和文化产业者看重这里有别于传统的洋风气息，便纷至沓来，通过影视剧拍摄、甜点、玻璃工艺品、音乐盒等地方特产的开发与经营，让小樽恢复了生机，得以成功转型为观光城市，甩去了老气横秋的"夕阳"帽子。

日本的火车旅馆
JAPANESE TRAIN HOTELS

● 这里所说的火车旅馆，并不是火车主题的旅馆，也不是卧铺火车或者豪华观光火车，是指将停在铁轨上的两列火车作为旅馆，用来安置由于火车晚点而无法转乘下一班火车的人。

————

● 在火车晚点这件事上，日本人有条不紊地为乘客提供了住宿。当然，工作人员首先会把乘客的票改签到第二日最早的列车，并为有需要的乘客开具延误证明。我就经历过一次，当时工作人员细致地在一张纸片写上"延误 299 分钟"，日本人对时间一丝不差的严谨性格果然无处不体现出来。然而很微妙的是，很多保险公司的延误保险所认可的赔付条件，就是至少 5 个小时，也就是 300 分钟以上。

————

● 这是一辆由札幌开往函馆的列车，车上多数乘客要到函馆转车。车站里不时推

推眼镜的日本大叔费力地用日式英语指点着外国游客，边反复说着"Train Hotel"边指向站台方向。第一次听到"Train Hotel"，加上他指向站台深处的手势，我并没理解大叔的意思——并不是我听不懂英文单词，其实我英文还不错，但是我没理解这两个单词组合在一起代表什么。这如同让一个从未见过"百香果"的人从这三个字判断出此物是圆是方，虽然每个字都认识，却无法理解组成词语后的意义和味道。函馆车站里刚才到站的喧嚣褪去，只有停靠入站看起来也是气喘吁吁疲惫不堪的列车。列车几乎都已熄灯休息，唯有一辆里面还开着灯。透过车窗，隐约可见一些仍旧坐在里面的乘客，面带倦容的也有已经睡着的。这，也就是那位大叔所说的"Train Hotel"了。

————

● 拖着箱子，我也走上了这辆摇身一变成了旅馆的火

车上。车厢内部，看上去倒是没有外面车站中那么萧瑟。火车座椅成了一个个卧铺，随你喜欢去分割地盘，整辆车厢的夜灯都亮着，车厢里有面对面坐着轻声细语的中年阿姨、干脆躺下用衣服蒙住头呼呼大睡的大叔、独自一人坐在窗边却未睡而遥望窗边穿着白衬衫一丝不苟的老爷爷。在站台上有自动贩卖机，火车站中也有 24 小时的便利店与自动贩卖机，让不能及时归家的人至少能吃上一口热乎的关东煮。

————

● 人们都表情坦然，没有抱怨和不情愿，这种让人舒畅的心态大概也是源于火车旅馆带来的安全感。对于旅途中的人来说，不用担心今日火车是否晚点，不用担心暴风雨中无处可去，总能有一处住所，踏实妥帖地让人安静下来等待新的旅途。明天，又是新的一天。

爱意弥漫日本情人旅馆
ROMANTIC LOVE HOTELS

● 说起日本的情人旅馆，一般都把江户时代就出现的"出会茶屋"（交友聚会的茶屋）和"川舟"（包场后进行娱乐活动的小型游览船）看作是情人旅馆的起源，不过真要说起来，二战前流行的"円宿"才算是真正的前身。"円"为日元单位，円宿就是便宜的钟点房，所以小情人们屡屡光顾。如今日本有 3.7 万多家情人旅馆，布置豪华浪漫，仅在东京就占了 10% 左右。

———

● 情人旅馆在日语中叫作"ラブホテル"，是 Love Hotel 的直接音译。与普通酒店不同的是，情人旅馆以钟点房为主要经营模式，且内外装修浮夸，对客人的隐私保护也是做到了极致。比如来客开房一律采取不记名式，入住酒店时也接触不到服务员，一般为电话联系；很多情人旅馆在入口处即可看出房间的内部构造，这样既可由顾客自由选择房间风格，也减少了顾客与工作人员的接触；最后收银时，顾客和收银员之间也有屏障挡住，最大程度上保护客人的隐私，给予客人最大的安全感。

———

● 情人旅馆之所以在日本大量存在，是由于日本独特的历史社会原因而造成的酒店业细分。但由于社会风气的变化，现在的情人旅馆业也大不如从前景气，许多情人旅馆也开始接待所有客人的生意了。

———

● 关于日本的情人旅馆，我想，还是需要喜欢的人自己去探索。

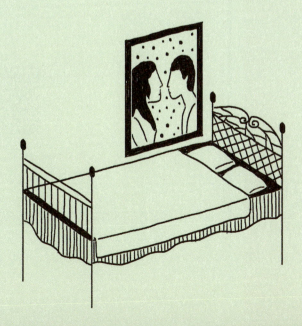

东京 | 奈良 | 大阪 | 神奈川 | 茨城的九家情人旅馆

NINE LOVE HOTELS IN TOKYO/NARA/OSAKA/KANAGAWA/IBARAKI

INFORMATION

 1

爱奈旅馆
レジャーホテルアイネ五条店

● 位于奈良的 Leisure Hotel，2004 年日本情人旅馆的排名中名列第一，也是唯一想申报世界遗产的情人旅馆。

● 这家店乍看外观极其普通，可内部房间装修和布置堪称情人旅馆之王。每个房间都独具特色且有各自的名称，比如：215 号的"迪厅房间"，内部以迪厅的酷炫风格为主打，浮夸再现迪厅场景；有艺术特色的 227 号房间，其错综复杂的家具设计，让整个房间宛如艺术作品展示现场；最让人惊叹的莫过于一间可以容纳十人的 Party Room，整个房间围绕"宇宙船"的概念而设计，房间被装饰成一艘宇宙飞船，室内布置也非常华丽有趣。更吸引人的是住宿费用不超过500 人民币。

扫描可进入官方网站

地　　址：奈良县五条市相谷町 678（奈良県五條市相谷町 678）

电　话：0747-22-1621

 水之秘旅馆
Water Hotel CC

● 位于大阪的 Water Hotel CC 以外观独具个性、充满刺激而出名，酒店外观自不必说，内部装修无处不体现着幻想和浪漫情调。店如其名，酒店内外随处都体现着"水"和"蓝色"神秘幽静的主题感，酒店大厅里"海洋空间"的设计配合着 BGM 音乐，被网友调侃称，在里面读书都觉得舒服自在。网上零差评的成绩也足以证明这家店的魅力。

扫描可进入官方网站

地　址：大阪市中央区道顿堀 2-3-22（大阪市中央区道顿堀 2-3-22）
电　话：06-6212-1331

 玫瑰红唇旅馆
Petit Hotel Rose Lips

● 在大阪乃至全日本来说，最有名的被称为"童话城堡"的情人旅馆当属这一家。酒店是把客人当成王子和公主的概念来设计每一个房间的。与其他情人旅馆不同之处是，这里有专门的童话主题房间，有专门的 Princess Service（公主服务）、Lady's Plan（女士套餐）等等，在女性客户中十分受欢迎。

扫描可进入官方网站

地　址：大阪市中央区西心斋桥 2-6-3（大阪市中央区西心斋橋 2-6-3）
电　话：06-6484-3312

(4) **X 旅馆**
Hotel X

● 在日本最大的情人旅馆搜索网站"Happy Hotel"的主页上，搜索数量第一的是这家位于东京繁华区池袋，2007 年底开业的年轻酒店 Hotel X。它也是东京池袋地区评价最好的情人旅馆，因太火爆而很难预定。

扫描可进入官方网站

地　　址：东京都丰岛区池袋 1-13-16（東京都豊島区
　　　　　池袋 1-13-16）
电　　话：03-5953-5155

(5) **战国城旅馆**
ホテル　くちなし城

● 这家旅馆，光听名字就让人非常有兴趣去一探究竟。果然，外观完全是战国时代一座城的模样，乍看完全看不出是情人旅馆，这也是设计者的精心之处：让外人感觉不到这座建筑物是情人旅馆，让客人的内心不觉尴尬，更易走近。看来这种不露声色的心理战术也是必不可少的。

● 室内房间主要以日本传统的和式房间为主，从墙上的字画到家具的用材以及整体装修都非常用心且复古味道十足。在现代潮流迅速发展的当下，这个带着复古情怀的情人旅馆便有了一种特别的存在感。

扫描可进入官方网站

地　　址：神奈川县厚木市冈田 3-12-43（神奈川県厚
　　　　　木市岡田 3-12-43）
电　　话：046-228-9774

贝妮旅馆
Hotel Beni

● 说起这家情人旅馆，不得不提日本非常有名的深夜综艺节目 "おとなの子守唄"（《大人的摇篮曲》），它就曾在此地拍摄。作为电视节目的取景地，从酒店规模到内部装修，Hotel Beni 自有它的实力。房间内部装修现代时尚，数量多规模大，每间房都有着各自不同的时尚风格，酒店官网上也有各房间的短视频介绍。与其说是被电视节目捧红，不如说是因为实力过于强大而不得不受人瞩目。

扫描可进入官方网站

目黑安培拉旅馆
ホテル目黒エンペラー

● 位于东京富人区、明星聚集地目黑区的这家情人旅馆，凭借这个良好的地理位置就已经优越感十足了，可它的真正标签是 "年代感"。作为 1973 年开业至今的老牌情人旅馆，它一直以 "情人旅馆的先驱" 而著称。

● 其外观是独特的城堡样式，这在 70 年代引起了媒体的广泛关注，成了当时最受关注的情人旅馆。然而它并没有随着时间流逝而衰落，而是跟随潮流不断更新装修，乃至现在依旧以高调奢华的 "高级感" 而备受好评。据说小栗旬也有这家的会员卡。

扫描可进入官方网站

地　址：大阪府丰中市走井 3-2-18（大阪府豊中市走井 3-2-18）
电　话：06-6845-3003

地　址：东京都目黑区下目黑 2-1-6（東京都目黒区下目黒 2-1-6）
电　话：03-5435-7979

 8

罗拉旅馆
Hotel Luara

● Hotel Luara 位于东京繁华区涩谷，被评为最受女性欢迎的情人旅馆。整座旅馆以红色为基调，以"花开"为主题的外观设计非常吸引人眼球。尽管位于繁华区，比起其他旅馆的高调浮夸装修，这里环境优雅、闲适安静，被网友评为"治愈系的情人旅馆"。

扫描可进入官方网站

地　　址：东京都涩谷区円山町 2-10（東京都渋谷区円山町 2-10）

电　　话：03-3770-5587

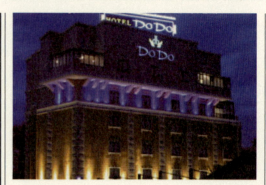

 9

多多旅馆
Hotel Dodo

● 说起位于日本茨城县的 Hotel Dodo，网友们评价这家旅馆汇集了一切丰富好玩的娱乐设施。网络、游戏、KTV，各式服务及娱乐设施这里都有，房间风格迥异，几乎把能为客人提供的娱乐和服务做到了极致。最顶层还有可以展望天空视野极好的游泳池。这里被网友评价为"百去不厌的旅馆"，也是很多电视剧的拍摄地。

扫描可进入官方网站

地　　址：茨城县坂东市矢作 1888－1（茨城県坂東市矢作 1888－1）

电　　话：0297-38－1211

自动贩卖机
VENDING MACHINE

自动贩卖机
尽量不打扰他人的生活
VENDING MACHINE

● 在日本，最早的一台自动贩卖机出现于 1888 年，用于售卖邮票。半个多世纪以后的 1962 年，第一台售卖饮料的自动贩卖机才终于由大型美国饮料厂商引进至日本。从此，自动贩卖机就如从南美带到欧洲的土豆种子一样，在日本这片土地上生根发芽，产生了完全有异于其他任何一个国家或地区的独特文化。

● 当今的日本是当之无愧的自动贩卖机大国，不说人均拥有量排在全世界首位，仅是在日本街头随便放眼望去，就可以感受到这是一个自动贩卖机遍布每一个角落提供着几乎所有可以提供的服务的世界。

● 卖饮料自然是自动贩卖机最主要也最重要的功能，这一点仅从销售额上来看，就相当一目了然。根据日本自动贩卖机工业会统计，在 2013 年从自动贩卖机卖出的商品中，饮料类就有 2 兆 2517 亿 5250 万日元的销售金额，比第二位的券类多出将近 5000 亿日元。

● 可以说，在日本最不怕的就是口渴，无论是炎炎夏日想要喝上一口冰爽的体能饮料，还是寒冷冬日想手捂一罐热乎乎的奶茶。因为这些方头方脑的家伙们无处不在，根本不用发愁。而且，在相对繁华的地方，比如地铁站口、购物集中地，它们都是成排出现，总可以从成排的明亮橱窗里找到自己最想要的一款饮料。在人头攒动的繁忙都市里，每个人都面无表情地从自己身边匆匆而过，似乎只有这些嘈杂声已经改成低频机械运转声的方家伙，像个永远不离不弃的朋友，默默地，如影随形地关照着自己。

● 笔者有一次在京都的比睿山上迷路，在荒无人烟的山上找不到下山的路，又赶上是酷暑时节，已然要被烈日烤焦深陷绝望的时候，忽然发现前面，就在树木之间竟有一台运转着的自动贩卖机，这简直如同在沙漠里看到一片绿洲一般！不由得冲过去就抱住了它。在杳无人烟的地方还设有自动贩卖机，这种事恐怕也只有日本会有了。

● 当然，假若自动贩卖机仅仅只是售卖饮料，那么它也就不能称为日本的自动贩卖机了。就如日本自动贩卖机工业会的统计数字所表现的那样，虽然饮料排在销售榜首，但第二位的年销售额高达一兆八千多亿日元的券类也绝对不能小视。同时，券类自动贩卖机也同样表现出了一种典型的日本人习以为常的生活方式：快速、尽量不打扰他人。

● 这是一种如果习惯会觉得十分舒适的生活，假若吃饭只是去快餐店，可以完全不必说话，不必与任何陌生人打交道。面对一台摆在快餐店门口的自动贩卖机，选择好自己想要的，塞钱吐券，随后就可以进到店里找个空座坐下，不必说话，微笑点头把买好的券递给服务生就可以了。这样的程序，对于如今越来越多的社交恐惧症患者们来说，简直就如同上天给予自己还能生活于世的恩赐。

──────

● 不仅那些快餐连锁店会有餐券自动贩卖机，就连一些小的餐饮店，根本没有座位只有个窗口的那种外卖店，也多是配有自动贩卖机供来客购买餐券。买一个圆筒冰激凌，也都完全可以不必跟

店主打交道，把钱和交流都交给自动贩卖机来完成。

──────

● 除了餐券以外，其他各种券类也都可以在相应的自动贩卖机上购买。比如各种演出、比赛的票，博物馆的预约券等等，都可以在 7-11 之类的便利店里自己默默地不用说一句话就完成购买。而在这所有的券类自动贩卖机中，车票自动贩卖机才是券类销量里的真正霸主。

──────

● 在日本，轨道交通极为发达，同时轨道交通的车票售卖也极为方便，这种方便就全有赖于种类繁多功能强大的自动贩卖机了。无论是大站小站，必然在每一个站口都会有车票售卖机，这个倒是不足为奇，但地铁也好

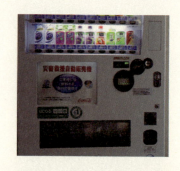

火车也好甚至于昂贵的新干线车票，也都可以在机器上完成购买，这确实带来了巨大便利。不过问题也来了，机器再智能也有出错的时候，万一出了错，抑或购买者搞不懂该怎么操作，该怎么办？既然已经出了问题，首先就只好克服社交恐惧，站在自动贩卖机前不要动，找准一个红色的按钮，按下去。按下按钮并不会听到什么蜂鸣声，依然静悄悄的，只是在自动贩卖机的旁边立刻会打开一个小窗口，一双明显是大叔的眼睛会在那里显现，随后一切问题就都交给这位大叔解决便是。大概，这正是那个"其实每一台自动贩卖机里都坐着一位操作机器

的大叔"的都市传说的源头了。

——

● 另外值得一提的是，自动贩卖机是日本生活决不可缺少的重要组成部分，这并不仅仅只因它售卖着你能想到的所有日常生活用品，还因它担当着许多售卖商品以外的社会功能。比如在日本做得相当成熟的提前半分钟地震预警体系中，自动贩卖机就是向公众传达预警警报的重要装置之一，并且在重大突发灾害发生时，自动贩卖机可以立刻转换为免费模式，承担起救援队到来之前最及时的灾区物资发放任务。而每一台自动贩卖机都有自己所在处的明确地址标识，

以方便遇见目击事故想要报警或呼叫急救车的人准确说出自己的所在位置。

——

● 说到底，自动贩卖机在日本是彻底地被挖掘出了它最大的潜能，恐怕之后还会继续挖掘，让这家伙提供给人们更多的便利，不动声色地守护着身边陌生的不陌生的亲近的或冷漠的芸芸众生。

由贩卖机引发的社会事件
500 日元换脸记 & 总会有收获的
SOCIAL PHENOMENON CAUSED BY VENDING MACHINES

500 日元换脸记

● 这是一段自动贩卖机引发日本治安问题的黑历史。

————

● 日本的自动贩卖机普遍接收大面额 500 日元的硬币。这意味着，投入一枚 500 日元的硬币，买一瓶一百多日元的饮料，机器会自动找出很多枚共计三百多日元的硬币来。

————

● 在 2000 年前后，500 日元的硬币改版重新发行，因为当时发生了一次有关 500 日元的不法事件，促使日本政府不得不将 500 日元硬币的样式与金属成分配比进行了改变，于 1999 年停止发行旧版 500 日元硬币，2000 年起发行新版 500 日元硬币，并使用直至现今。而这次改变的起因，竟然是象征日本便利生活的标志——自动贩卖机。

————

● 其实从 20 世纪 90 年代起，一些不法之徒便发现，500 韩元的硬币怎么长得和 500 日元的硬币这么像？而当时 500 韩元仅仅可以兑换 50 日元。那如果把 500 韩元的硬币投到自动贩卖机里，再买瓶饮料什么的，机器会找出三百多日元吗？

————

● 他们真的进行了尝试。500 韩元硬币的直径与旧 500 日元硬币相同，材质也都是由金属铜加入金属镍而合成的白铜，只不过 500 韩元的重量要稍微比 500 日元重一些。于是，一些不法分子将 500 韩元或打孔，或切削一小部分后，投入自动贩卖机中牟取暴利。随后又有人发现，只要把 500 韩元投入自动贩卖机，无须买东西，只要拉一下自动贩卖机上的"返还"扳手，自动贩卖机就会吐出一枚真正的 500 日

元。这大大刺激了使用韩元不法换取日元事件的发生。除了韩元以外，还有一些人发现使用伊朗的 1 里亚尔硬币和葡萄牙的旧版 25 埃斯库多（葡萄牙曾经使用过的货币名称）硬币，也能达到换出 500 日元硬币的效果，一场有关自动贩卖机的无声货币犯罪在日本各地发生，造成了较大的不良影响。

————

● 为了阻止事态的蔓延，日本政府改变了 500 日元的版式，并将硬币材质换成了黄铜，于 2000 年推出新版 500 日元，同时对自动贩卖机的货币识别系统进行了调整，不再支持识别旧的 500 日元。500 韩元套日元风波，至此告一段落。

————

总会有收获的

● 日本的坊间流传着一个

传说，尤其是在人来人往的繁华都市东京：流浪汉靠每天去拿别人遗忘在自动贩卖机里的零钱，一个月下来，就会赚到不少钱。很多人相信，也曾有人看到过，夜晚来临的时候，一些流浪汉总会到自动贩卖机的找钱口处摸一下，看看有没有之前买东西的人忘记取走零钱。但实际上这样做真的收获那么大吗？根据日本媒体《日刊SPA！》报道，有一个喜欢较真的日本搞笑艺人为此做了个严肃认真的实验(等等，明明是搞笑艺人啊！)，他在东京人流量最多的新宿—涩谷、蒲田—品川等几处繁华路段，共计20公里长的区间内查验了近500台售卖饮料与烟的自动贩卖机，走了大半天，一共找到硬币一枚——面值50日元。

———

● 在谈到试验结果时，这位艺人恢复了搞笑本色："如果是以赚钱为目的，还不如打个每小时800日元的工来得快呢。""不过，走了20公里，消耗了900卡路里的热量，对于想减肥的人来说，这也是一个不错的办法。"

———

● 最后他把捡到的50日元交到了警察局。

◇ ↓ 新 500 日元

◇ ↑ 旧 500 日元

◇ ↑ 500 韩元

| 访问 |

孤独贩卖机
THE LONELY VENDING MACHINES

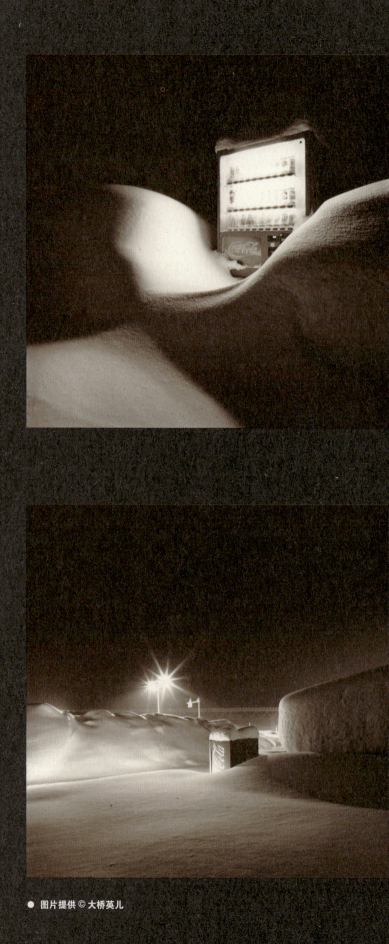

● 图片提供 © 大桥英儿

和风帖 × 摄影师大桥英儿
HEFENGTIE × EIJI OHASHI

大桥英儿（Eiji Ohashi），日本摄影师，1955年生于北海道稚内市。1984年到2005年期间，在尼泊尔、印度、巴基斯坦、中国西藏自治区和新疆维吾尔自治区等地进行拍摄活动，并多次在日本举办摄影展，已出版《MERCI（谢谢）》、《丝绸之路　悠然的残像》、《NELVAN涅槃之地西藏》、《尼泊尔吉祥天女的国度》等摄影作品集。

EIJI OHASHI

受访者自述
PERSONAL STORY

● 由于在日本单靠写作为生很难维持生计，所以作家们通常是一边从事其他工作一边从事创作。我的情况则是一边为建筑、杂志等拍摄商业照片，一边从事自己的创作活动。单纯地选定某个题目围绕其进行创作的过程，给我带来拍摄商业照片时无法获得的充实感。拍摄商业照片可以赚到钱，然而那些照片消费时间一过便被人遗忘。然而我认为真正的"作品"，是可以在人的心间留下一些什么，是值得被人尊敬的。所以我执意坚持拍摄自己的"作品"，拍摄商业照片只是作为生活的手段。

● 而关于自动贩卖机的拍摄，便是我自己特别想要做的创作。

Q: 是什么样的经历让您成为一名摄影师的？

A: 我在二十多岁的时候喜欢登山，也去登了喜马拉雅山，在那里我拍到了很多美丽的风景，便对摄影产生了更加浓厚的兴趣。后来常常去喜马拉雅山和西藏旅行，不知从什么时候开始，不仅仅对那里的风景，也对那里人的生活产生了兴趣，创作了很多以此为题材的摄影集，并举办了摄影展。

Q: 为什么会选择拍摄"自动贩卖机"这个主题？

A: 有一天我察觉到，在日本即使很普通的街道上也会放有自动贩卖机，就想如果将这些标准化的自动贩卖机放大到日本全国视野下看的话会不会有什么不同，而从这些自动贩卖机的不同又会看到日本各地有什么不同。于是就开始拍摄。

Q: 想通过这组照片传达怎样的想法？

A: 自动贩卖机不管是在闹市区还是荒无人烟的郊外，都安然无事地放置着。我想单从这一点就可以说明日本是个足够安全的国家吧。即使是在冬季的北海道，在气温零下 20℃以下的屋外，也放有自动贩卖机。这说明商家的工作人员在用心维护它们，这一点也看得到日本人的勤勉精神。另外，试想在风雪之夜，闪着微弱亮光的自动贩卖机是不是也会给行人的内处带去一丝温暖呢？这些都是我想通过作品表

达的。这组照片是用传统的胶卷以及相片纸冲印创作的，特别想让大家感受的是数码照片所没有的那种传统银盐印纸所带来的美。

Q: 自动贩卖机在大桥先生的生活中是怎样的存在？

A: 在冬天的雪夜，我会跑出去拍摄闪着微弱亮光的自动贩卖机。通常是从深夜 12 点开始拍摄，直到早上天亮回家，然后再将胶卷冲洗、印刷。一整个冬天就在这样的重复活动中度过。许多朋友知道了我的这个项目后也给我提供了各种各样的自动贩卖机的情报，实在是非常感谢。

Q: 您想对（日本）国外的读者介绍日本自动贩卖机的哪一方面？

A: 在日本走到哪里都可以看到自动贩卖机，这一景象在海外恐怕很难见到。与此同时，也会给人一种预感，那就是所谓的现代文明，到处都被机械支配着，是不是也会令人感到有些怪诞和不快呢？

Q: 您如何看待有人利用自动贩卖机来盗取钱财的犯罪行为？这意味着自动贩卖机也有弊端吗？

A: 在日本虽然盗窃的情况比较少见，但不得不说还是有自动贩卖机被砸坏钱被盗的情况。但是现在我们所看到的结果是，不管在哪里都有自动贩卖机的身影，这就说明商家并没有因为

有盗窃的情况而影响整体业绩，销售业绩不好的自动贩卖机也会被淘汰被撤走。自动贩卖机也在遵循着市场原理活动。

Q：通过拍摄这组照片，您有何收获？

A：在自动贩卖机身上，我看到了日本人如何极致地追求生活上的便利，日本人特有的细腻的气质也透过自动贩卖机展现出来。

另一方面，日本国土虽然不是很广阔，却有如此多的自动贩卖机放置，某种意义上我认为可以说是有些异常的。这些自动贩卖机被无秩序地放置着，某种程度上也让我感到一种文明的宿命。面对放置在大街小巷的如此多的自动贩卖机，很多日本人对此无动于衷，认为这是再平常不过的，我认为这样的反应很异常。

Q：在拍摄过程中，有什么印象深刻的事情可以跟我们分享的吗？

A：在东北地震灾区拍摄自动贩卖机的经历让我印象深刻。在岩手县与宫城县，因遭海啸袭击而破坏的自动贩卖机被早早撤掉，在幸存的房屋前空地上又换上了新的自动贩卖机，那是为在灾区复兴现场的工作人员补给饮料水而放置的。在那里，自动贩卖机成了必不可少的基础设施。而相比而言，同样是灾区，福岛县因为核辐射，工作人员无法进入，遭破坏的自动贩卖机的残片至今还孤零零地躺在那里。

古着店
VINTAGE
SHOP

情怀古着

坚持独立思考和选择的人生态度

HUMANISTIC SPIRIT OF VINTAGE

● 古着（vintage）一词起源于日本，统指那些真正有年代感而现在已不再生产的经回收整理后重新进入市场流通的服饰。也被称作古手。在日本近代以前，古着这个行业就已开始发展起来。日本古着店的服饰以欧洲、加拿大、美国为主要来源地，绝大多数是正宗古着，极少部分是经加工过的古着。服饰文化从和服到洋服潮流不断更迭变化的同时，古着市场也通过世界各地的买手们对古着大量的输入输出而不断发展壮大。

_____

● "古着"并不完全等同于"二手衣"，二手衣主要指现在流通于市面并且还在生产的新货，是被某人穿过之后再重新出售的衣服，是和古着完全不同的经营模式，国外也有许多知名的二手店存在。而古着服饰无论从细节剪裁还是面料甚至不同场合的使用用途都是曾经某个时代的缩影，正因其具备一定的年代感才有着与众不同的特殊价值。在对造型有着极高要求的潮人们眼中，比起市面上人人都能买到的新款式，他们更喜欢属于自己独特风格的穿搭，而这些数量稀少、款式特别且有独特文化韵味的古着自然是最佳选择。

_____

● 当各大品牌层出不穷制造着潮流时，古着却反其道而行之，始终不会随潮流的改变而改变。喜欢古着的这个群体大多热爱艺术、怀旧又富有生活情趣、拥有独特的着装品位和突出的个性。在日本，对于处在不同年龄层、社会层中情迷古着的消费群体来说，古着已演变成一种情怀。对他们来说，古着更代表着一种人生态度，这种对时尚趣味的追求、对待生活不人云亦云、坚持独立选择和思考的人生态度，富有强烈的个人精神风格。对于古着迷们来说，他们更想向人们传达：我们追求的不是古着，是生活态度。

_____

● 作为古着的流行地日本，古着店无处不在。商业区自不必说，车站、学校甚至居民区，只要人口聚集的地方都有古着店的存在。在东京，主要集中在下北泽、高圆寺、原宿、涩谷周边，从精致的店铺装修到不同年代的服饰种类，每家店都独具特色，就算不是古着迷，也会被这些奇特有趣、年代感十足的店铺所吸引。对于喜爱淘货的古着迷来说，在休息日或特殊节日里除了去这些固定的店铺以外，许多公园或广场常有规模不一的跳蚤市场可以去挖掘平价的优质货，如果顺便再遇到志同道合的古着迷一起聊聊天，更是不可多得的乐趣。东京以外的日本古着市场，比如位于大阪的美国村、名古屋的"大须观音"街、兵库县的元町商业街、冲绳的海滩周末市集等等，都是日本古着迷的淘货天堂。

● 位于东京西部的小街区下北泽，是一条既不张扬又充满着休闲韵味的文艺街区，有人说它是"古着天堂"，有人赞它是"文艺地标"。这里既有较大规模的古着店，也有无数个性小店铺组成的市集状建筑。

――――

● 人们常常会拿下北泽与号称年轻人之街的原宿作比较，原宿竹下通是"Lolita族""哥特族""Cosplay族"的聚集地，原宿街头青年以五颜六色的头发和鲜艳明丽的服饰为主要特点，其形成的原宿风已经成为日本街头文化的一种。位于原宿的古着店几乎都偏向这种风格。相比之下，下北泽则是文艺青年、音乐爱好者、独立设计师、喜欢怀旧复古的年轻人常出没的地区，在此区域最显眼抢镜的更是数不清的古着店以及穿着奇特的年轻人。

――――

● 书店老板藤谷治在自著的《下北泽》一书中曾这样说道："下北泽这25年，已经形成了一种独特的气氛。大家都是过客，有寻梦的，也有要在下北泽生存的。他们穿得像下北泽人，他们过的是自由的生活。可是，下北泽在东京，在世界上一个经济最繁荣、生活最紧迫的城市之中。所以，很多人都希望周末时，能在这种没有工作议程、没有压力的环境下过日子。"这段话既道出了下北泽小街区与众不同的气质和特色，同时让我们更加服气，也只有这样的文化氛围和背景才可以真正与古着文化相得益彰。

推介 东京下北泽的五家特色古着店铺 FIVE DISTINCTIVE VINTAGE SHOPS AT SHIMOKITAZAWA, TOKYO

Ocean B.L.V.D

年代久远的老店铺
————
HAIGHT&ASHBURY

贩卖 40 年代— 80 年代服饰小物的古着店铺
————
Flamingo 下北泽店

● HAIGHT&ASHBURY 是许多艺术界、时尚圈儿人士经常光顾的一家有二十年历史的老店铺。店铺以 19 世纪和 20 世纪的欧美时髦单品为主要售卖对象，物品都由专业买手从世界各地挑选而来，以经典易搭配的款式为主。店铺外的红色高跟鞋模型个性十足，是此处的地标，整条街道也当属此处最引人注目。

● 店员每天都会更新博客以介绍新到店古着及近期搭配和感想，并配有模特演示，与古着爱好者们有着更加亲密的接触。店内的物品主要分男装、女装及古董品，除了衣服、鞋子和包以外，每个角落都隐藏着耐人寻味的配饰和小物件，游客会在不经意间被挂在墙上的古董画、角落里的古董玩偶所吸引。一直以来，HAIGHT&ASHBURY 都被评为下北泽最值得去的古着店铺之一。

● 店内衣物种类非常多，店主主要收集 40 年代—80 年代的服饰、鞋子、包、小物、杂货等设计感和款式都突出的物品，并且始终坚持用最实惠的价格售卖最有趣的东西。店主充分利用了每一个空间角落去陈列物品，走进店铺就让人有种哪里都好而不知从哪里入手的慌乱感，可正是这种慌乱感更加促使你的好奇心不放过任何角落。尽管乍看杂乱，等耐下心慢慢逛时会发现每处衣物都有属于它的搭配和归类。比如一个专门摆了几十双经典款运动鞋的柜子，不远的台阶处还有着专门摆放马丁靴的角落，而衣服更是从款式到年代都各有各的地盘。

● 店铺外观设计也很精心奇特，装饰如其名 Flamingo（火烈鸟），始终没有离开"火烈鸟"的标识，还没走近就可发现这个让人忍不住想走进去看看的店铺。可见下北泽的店主们为了彰显自己的独特实在是煞费苦心。

地　址：东京都世田谷区北沢 2-37-2 2 楼（東京都世田谷区北沢 2-37-2 2 階）
交　通：京王井之头线、小田急线下北泽站北口徒步三分钟
　　　　（京王井の頭線、小田急線下北沢駅北口徒步 3 分）

地　址：东京都世田谷区北沢 2-25-12-1 1 楼（東京都世田谷区北沢 2-25-12-1 リサビル 1F）
交　通：京王井之头线、小田急线下北泽站北口徒步三分钟
　　　　（京王井の頭線、小田急線下北沢駅北口徒步 3 分）

有特色主题的古着店铺

———

Eco Wear Market

扫描可进入官方网站

位于百货店内种类齐全
老少皆有的日本常规古着店铺

———

VALON

扫描可进入官方网站

● 比起那些外观新奇吸引人眼球的店铺，以"地球环保，享受时尚"为主题的 Eco Wear Market 在下北泽也许看起来并不起眼，但正是这低调的作风才可以和其独特的经营理念相符合吧。

● 店铺位于二楼，门外只有两个看板提示大家请上二楼，店内古着从 525 日元（30 元人民币左右）起价，旨在为人们提供便宜又时尚的物品。店家充分收集了设计感极强的男女各类服装款式，以简单易搭配的单品为主，物品陈设杂乱却有序，购买的同时提供价值 10 日元的环保纸袋以提醒大家保护地球环境。

● 位于距离下北泽车站很近的东洋百货店内的古着店 VALON 收集了一千件以上的洋服，包括许多美国、欧洲古着，无论男女老少都可以在这里充分享受购物的乐趣。

● 提起百货店，很容易让人想到那些高楼里的购物中心，而位于下北泽的东洋百货并非如此。东洋百货更像是过去某个年代的购物场所，仅有一层，面积却非常大，汇集了各式不同的店铺。所有店铺聚在一起，外面用一个木质的牌子写着：东洋百货。它更像是物资还没有那么发达的 20 世纪 80 年代的友谊商城，本身就复古味十足。

地　　址：东京都世田谷区北泽 2-14-5 2 楼（東京都世
　　　　　田谷区北沢 2-14-5 イスズビル 2 階）
交　　通：京王井之头线、小田急线下北泽站北口徒步三
　　　　　分钟
　　　　　（京王井の頭線、小田急線下北沢駅北口徒步 3 分）

地　　址：东京都世田谷区北泽 2-25-8 东洋百货店内（東
　　　　　京都世田谷区北沢 2-25-8 東洋百貨店内）
交　　通：京王井之头线、小田急线下北泽站（北口）徒
　　　　　步三分钟
　　　　　（京王井の頭線、小田急線下北沢駅（北口）徒步 3 分）

5

东京都内连锁的古着店铺

———

SUPER GRAND BAZAAR
MEGA STORE

扫描可进入官方网站

● 作为东京非常有名的连锁古着店铺，下北泽这家是同店铺中占地面积最大、商品种类最齐全的，同时也汇集了各种品牌款式的洋服。进入店铺有种扑面而来的小清新即视感，男女老少服饰皆有，耐心逛一逛很容易就会找到一款独特的适合自己的衣物。

地　　址：东京都世田谷区北泽 2-4-6　2 楼（東京都世
　　　　　田谷区北沢 2-4-6 ISI ビル 2 階）
交　　通：京王井之头线、小田急线下北泽站（北口）徒
　　　　　步三分钟
　　　　　（京王井の頭線、小田急線下北沢駅（北口）徒步3分）

店铺: 古着プチコション

地　　址: 东京都世田谷区北沢 2-32-4
电　　话: 03-3460-6630
营业时间: 11: 00—20: 00
Twitter: shimokita_putti

● 从下北泽车站下车步行三分钟就可到达"古着プチコション"。在这个随处可见古着店的地域里，无论从门牌还是店外的装饰来看，"古着プチコション"店似乎显得并不张扬，可顾客总会意外地被店铺外面衣架上设计感十足、款式独特的衣服所吸引。

● 若不是周末，顾客并没有那么多，被这些复古怀旧古着填满的店里显得更加安静而神秘。店铺的每个角落都经过了精心布置，从年代到衣服类别都有着非常精细的分类，无论 20 世纪 70 年代还是 80 年代的衣物都有各自的货架，长裤衬衫连衣裙等也有属于各自的空间。店内主要以昭和年代的连衣裙、衬衫和牛仔裤为主，光衬衫类的衣服就有几百种，各种花色款式应有尽有，每个货架都摆满了衣物，几乎没有任何余地可留。价格几乎都在 50 元到 200 元人民币之间，并分有不同的特价专区。

● 女店主名为高岸美佳，和老公一起经营店铺已十年有余，两人都是古着的狂热爱好者，并因古着而相识，平日里一起外出选货，如今这家在下北泽的古着店已是他们经营的第三个店铺了。

Q: 什么时候开始对古着产生了兴趣？是什么动力支持您坚持在下北泽开了三家店铺？

A: 最早接触古着是之前和老公一起去纽约旅行时遇到了一家叫"What Goes Around Comes Around（因果循环）"的古着店，当时觉得名字特别就走进去，只记得当我推开店门的瞬间，像是穿越回到了 20 世纪，看到各式各样的美物让我异常兴奋。店主很耐心地给我介绍了店内物品的来历，这是我第一次感受到古着的魅力。

至于为什么在下北泽开了三家店铺——当开了第一家后发现原来喜欢古着的人这么多，而我的店对于他们来说更像是一个大本营，于是我想尽我所能建立更多的大本营，吸引越来越多对古着有相同兴趣的朋友。

Q: 当初开店的初衷是什么？

A: 有一次，跟朋友聊天时提起好想再去一次纽约逛古着店，朋友说"干吗非要去纽约？喜欢就自己开一家喽"，其实朋友只是在开玩笑，但却让我萌生了开店的想法。因为很难发现自己的热情所在，既然我很幸运地找到了，那何不试着实现它呢？

Q: 店内的古着货源主要来自哪里？平日里大概以什么样的经营模式来经营店铺？

A: 有专门的买手从欧美等地将古着输入日本国内，也有从日本国内各地淘来的物品，大多时间我都在外面选货，平日里雇佣女大学生来

看店。对于客流量大、古着店多、竞争也非常激烈的下北泽来说，好的货源和不断更新才可以让店家长久维持下去。

Q: 对于经营古着店的您来说，平日着装也是以古着为主吗？

A: 我平时喜欢将古着和现代时装搭配起来，因为我觉得这就像是把几个世纪同时穿在身上，感觉很奇妙，而且你会发现虽然有些衣服年代相隔很远，但是却能碰撞出意想不到的美。

Q: 您觉得古着和其他服饰相比，其特别之处是什么？

A: 我觉得古着是时尚沉淀的产物，古着和古董车不一样，衣服很容易被淘汰，上一季买的衣服可能这一季就会扔掉，但是古着经历了几十年还能留存下来，一定是有它的价值，所以每一件古着都是经得起时间考验的时尚产物。

Q: 您对"古着"这个概念有着什么样的态度和理解？以及面对当今潮流的层出不穷，对"潮流"和"古着"这两个概念有何理解？

A: 对我而言，古着使用的面料、细节的剪裁和设计甚至用途都有无法比拟的价值。我虽然喜欢古着，但并不反对潮流，相反正是因为各种潮流的不断涌现才使得时尚时刻保持活力，而今天的潮流可能就是日后的古着，所以"潮流"和"古着"是相衔接的时尚概念。

Q: 有古着爱好者说"穿的不是古着，而是生活态度"，对于这句话店主有何理解？您也觉得这不仅是穿衣搭配这么简单的事，而是一种生活态度吗？

A: 其实在我看来并不只是穿古着，穿衣搭配本身就是生活态度的一种表达方式，每个人都会找到一种合适的方式来表达自己的独特生活态度，有的人选择吃素食，有的人选择穿古着，有的人喜欢原宿风。你可以从一个人的穿衣搭配了解一个人，而风格相似的人自然而然地在还未有任何深入了解前便建立了某种联系，所以穿衣搭配确实是很重要的表达方式。

Q: 对于经营古着店，您有什么经验和心得可以和大家分享一下？

A: 其实我不觉得自己是古着店主的成功范本，我还在探索最合适的经营方式，有很多想法没有实现，所以并没有太多成功经验可以分享，怕会误导大家。心得倒是有一些，经营古着店很重要的一个环节就是收集古着，最初我只挑选我自己喜欢的，但是后来发现这样太过局限，不能满足有其他古着趣味的朋友，毕竟古着店并不是私人收藏展览馆，而是一个提供多种选择的平台，我希望走进来的朋友不仅能找到自己喜欢的风格，同时也能被其他风格所启发。所以我经营古着店的理念就是对于美要博爱，我希望是一个古着的媒介并不是过滤器。

Q: 您会继续经营下去吗？有没有想过去做古

着店以外的事情？今后还有什么计划和打算？

A: 目前我的计划是继续经营好这几家古着店，并且希望能通过我的店铺为古着爱好者提供一个相互认识和交流的平台，所以之后我可能会筹备一些跟古着相关的活动，将古着爱好者凝聚起来。

Q: 对您来说什么是"理想生活"？您觉得现在的生活是吗？

A: 对我来说，能找到自己的热情所在，并可以通过自己的方式实现它，在这个过程中找到乐趣，这就是理想生活。我觉得理想生活是一种愿景，所以理想生活并不是拿来实现的，而是激励我不断探索生活可能性的动力。

Q: 您对生活中"人"与"物"之间的关系有何理解？

A: 我喜欢一句话——万物皆有灵性。而这种灵性是靠人主动发掘或赋予的，人可以自己创造出与物之间的沟通方式，这也是丰富个人生活的一种方式。

杂货店
GENERAL STORE

—— INFORMATION ——

探访
/
金子佳代子和她的和风旅猫杂货店

【探访】

金子佳代子和她的和风旅猫杂货店

KANEKO KAYOKO AND HER CAT CORNER SHOP

● 来东京内环 JR 山手线的西北角闲逛的话，不要错过一处叫杂司谷的地方。与六本木、银座那样的高楼林立的繁华区不同，这里一百年前只是一片小村落，后来编入东京市，现在在籍的居民也只有 8 万人左右。二战时期因为没有遭受战乱洗礼，很多传统的旧式房屋、寺庙陵园得以保存，这与山手线东北角的"谷中"地带颇有些相似。这片地带也曾是文艺繁盛之地，很多文人墨客都曾在此居住过，大文豪夏目漱石还曾将这一带的风景写进小说里。建成于明治五年的杂司谷陵园也坐落在此，这里长眠着夏目漱石、小泉八云、泉镜花、永井荷风、岛村抱月等文学大家，还有《日美亲善条约》缔结促进者中滨万次郎、开明派幕臣小栗忠顺、画家竹久梦二，以及诗人佐藤八郎等著名人士。从 JR 山手线的池袋站出来徒步 15 分钟便可到达杂司谷，东京地下铁的副都心线也有杂司谷站可直接到达。专门来拜访名人墓地的游客不在少数，不过只是单单来这片文艺之地肆意徜徉漫步，穿行于绿色藤蔓植物环绕的矮矮的木质小屋间，拜拜寺庙，听听优哉驶过的昭和时代留下来的电车的叮咚声响，仿佛置身在《夕阳三丁目》里描绘的昭和年代的画面里，也足以让人流连忘返。

―――――

● 就在这样一片昭和风情浓郁的住宅区里有一家名叫"旅猫"的杂货店，屋外挂满五彩缤纷的纸气球，与杂司谷整体的昭和风情可谓是

相得益彰。入屋探访，只见里面各色传统的日式玩具琳琅满目，室内播放的音乐也是昭和年代留声机里流淌出的日本民谣老歌。尽管眼前的这些玩具我还一下子叫不出名字，却让我这个外国人感觉到一种回到外婆家的老屋一般的亲切感。有传统印染花纹的手帕、裹便当用的包袱布、各式可爱形状的小人偶、明信片，还有挂在墙上滴滴答答作响的中式老钟。整间店铺像极了百宝箱，密密麻麻堆满了宝贝。我习惯性地挑上几张明信片，待日后思乡之情难抑时写来寄给日本海另一端的老友。又发现一个小小的别致的红色木质小猫很是惹人怜爱，价格 500 日元，比一碗拉面还便宜，索性一起买下。结账后见客人不多，于是便开始跟店主聊起来。

―――――

● 店主金子佳代子今年 47 岁，是土生土长的东京人，爱文学，喜欢的作家是夏目漱石的门生内田百闻，爱收集杂货，年轻时也曾像普通日本青年一样追随纽约、巴黎等地流行的东西，在美国老板开的杂货公司里工作过。后来发觉使用欧美的陶瓷器皿吃日料的米饭实在不对味，还是原汁原味的日本的东西更适合自己，加之觉得自己不太适合上班族的生活，索性在 13 年前将工作辞掉，决定经营一家纯日本式的杂货店。金子说她也不是非要收集贵重得足以代代流传的东西，就想拥有一家亲民一点的，即使小孩子们跑进来也能发现属于自己宝贝的

杂货店。

———

● 为什么给店起名叫"旅猫"呢？金子说她喜欢猫，从小养猫，现在与曾是同事的丈夫还有两只猫一起生活，家里最大年纪的猫已经18岁。她说她家的猫就像人一样，有跟人一样的丰富表情，好像差点就能跟人对话，瞪着眼睛一作表情就像是在讲"给我食物"，或者"放我出去玩儿"。因为太爱猫，所以自己的店名一定要有"猫"字。至于"旅猫"的来历，灵感源自一部80年代风靡一时的日剧《寅次郎的故事》，金子很羡慕主人公寅次郎那样的周游日本全国的经历。寅次郎的日语发音是"トラさん"，跟"虎"的发音一样，而猫跟虎是本家，所以就想象着把寅次郎

的角色换成猫，让自己店里的猫去周游全国，搜罗全国的纯日式杂货宝贝，还特意请插画师设计了一个黑猫旅者的卡通形象。将店选在杂司谷是因为丈夫从小在这一带长大，自己也是在隔壁不远的文京区长大，加之自己喜欢的作家内田百闻也曾在此住过，这一带对她来说是个亲切的环境。

———

● 金子的杂货铺主要以收集乡土玩具为主，也就是民俗玩具。特别吸引人眼球的是一种叫"だるま（达摩）"的形态表情各异的小人偶。这种人偶起源自镰仓时代，被用在纪念佛教禅宗始祖菩提达摩法师的仪式活动里，有驱厄运除病灾的意义，至今已有几百年的历史，现在多被人当作吉祥物来许愿。达

摩人偶一开始都是没有眼睛的，愿望实现后许愿人再将达摩人偶的眼睛画上。金子还给我看了一个365日达摩人偶的日历牌，一年365天每天都可以看到不同样态的达摩，有慈祥的老爷爷、戴花的小女生，甚至还有Hello Kitty。另外现在每年3月在位于东京田园调布的深大寺里还会举行达摩市集，有50多家达摩人偶的制作者现场售卖，人们将自己已经画上眼睛的达摩还给制作者，说明旧愿望已经实现，再购入新的达摩，祈祷新愿望的实现。金子说最近她对达摩有点迷恋上瘾，还加入了全国达摩研究会，听老爷爷们讲有关达摩玩具的故事。除了达摩，金子收集的第二多的是一种叫"木芥子"的人偶玩具，这种玩具最初是木匠工人用制作木碗木桌剩下的

边角料做给小孩子的玩具，在温泉旅行地作为土特产售卖，在明治时期风靡一时。

———

● 另外，小店里播放的昭和年代的老歌也给人一种穿越时空的错觉。与现在流行的有些喧闹的流行乐不同，像20世纪大上海的留声机流淌出的声音，是清澈而有质感的，满含着那个年代的人特有的蓬勃生命力。那天金子放的是以广告歌曲而闻名的三木鸡郎的滑稽音乐，她听说我是新闻专业的中国留学生，特意给我放了曾作为《纽约时报》的特派员来日本旅居的新闻记者波顿·克雷恩（Burton Crane）录制的日语唱片。金子说，她倒也不是极端的怀旧主义者，就是觉得自己小时候的时光过得比现在悠闲得多，没有

手机，没有电话，却也照样能与朋友按时约会。现在通讯手段增多了，人们却被信息的洪流追赶得应接不暇，也许是因为很多不知道也无妨的事情，大家也在拼命"想知道"或者是"被知道"吧。金子说现在来店的客人主要是东京市内或者从周边千叶县、琦玉县过来的日本人，也偶尔会有中国台湾、德国，甚至北欧的游客专门赶来，选一些日式风情的纪念品。她觉得这家小店就是她的归属地，自己选的东西，任由自己的想法整体调和布置，像极了编辑的角色，眼前呈现的一切就是自己脑内所想的具象化。若是气氛相近的人常来店光顾，那是最好不过的美事。

杉の
こけしうちわ
3種・各 ¥1575
旅猫雑貨店

こけしだより

こけしは、東北地方に生まれ育った木地玩具のひとつです。
青森、秋田、岩手、山形、宮城、福島が主な産地で、地域の特徴を
こけしが生まれました。今では大きく11の系統に分類するこ

「夢をとどけよう」は対象商品の売上の一部も、
力強く咲く桜が被災地の方を勇気づけてくれます

青森県　津軽系

こけしのにぎにぎ

こけしうち

こけしの にぎにぎ
おなかを押すと、
ピョピョと音が
します。 ¥1620
旅猫雑貨店

博物馆
MUSEUM

东洋博物馆诸事情
STORIES OF JAPANESE MUSEUMS

● 提起日本博物馆，不得不从"博物馆"这个词开始说起。

_____

● 因为"博物馆"这一汉字词汇，与近代的日本有着非常紧密的联系。博物一词虽在我国古来有之，但将museum一词对译成博物馆的人，却是江户时期派遣到欧洲的日本使节——市川清流。1862年，在参观了大英博物馆之后，市川清流在自己的考察报告中使用了博物馆一词作为museum一词的对译。明治维新后，日本明治政府于1873年首次参加了当时在奥匈帝国首都维也纳举办的世博会，并建立了日本馆。在正式参展之前，日本文部省在原为孔庙的汤岛圣堂开办了"汤岛圣堂博览会"，作为日本馆的预演，这也成了日本最早具有博物馆形态的设施。经过多年发展，"汤岛圣堂博览会"先后改称及转型为东京博物馆、教育博物馆，最终成了日本国立科学博物馆的前身。

● 另外，东京国立博物馆从东京博物馆中分流而出，1881年在英国人的主持设计下，于上野公园揭幕，开启了日本的博物馆时代。

_____

● 时至今日，日本已经成了世界范围内屈指可数的博物馆王国，无论是数量的巨大，还是种类的丰富，都堪称首屈一指。究其原因，说起来还要拜日本的泡沫经济所赐。20世纪70年代初，日本逐渐增加了对博物馆建设的投入，1988年至1989年间，处于泡沫经济膨胀期的日本推出了一项"故里创生事业"的国策，由日本政府向日本的各个地方自治体支付1亿日元，用于地方振兴建设，此举开启了各地兴建博物馆的热潮。一时间，各种正常的、奇葩的、有趣的、无聊的博物馆如雨后春笋般出现，同时，旅游设施的开发与地标建设并起，虽然起到了振兴地方经济的效果，但因为一些地方自治体

面对这笔"飞来的横财"缺乏计划性，一些重复投资或无意义的古怪建筑也随之出现，一些丑陋的地标与收藏古怪藏品的博物馆在日后成了笑柄。

_____

● 但从另一个角度来看，这种现象为日本独特的博物馆文化提供了良好的形成与发展的条件。至今，包括美术馆、文学馆、历史馆、科学馆、资料馆等准博物馆设施在内，加上近年新出现的动漫博物馆，日本的博物馆总数已达到4000家左右，尤其是一些内容无聊甚至略显奇葩的博物馆，成为博物馆爱好者们猎奇的目标。可能在他们眼里，严谨而认真的日本人所做出的无趣展示，在某种程度上也是一种有趣嘛。

_____

● 更何况，那些有趣的博物馆，展示的东西真的有趣极了！

好吃的博物馆
新横滨拉面博物馆 & 横滨方便面博物馆
MUSEUMS OF CUISINE

新横滨拉面博物馆

● 作为日本最早开埠的港口城市，横滨在相当长的一段时间里都是外来事物的汇集地，横滨港开埠之后，包括中国人在内的各国人口随之涌入，也带来很多他们故乡的风味，日式拉面的诞生便与来横滨中华街（唐人街）谋生的中国厨师有着直接的联系。随着拉面在日本各地遍地开花，横滨的拉面职人也将自己的手艺传向日本各地，成了日式拉面发展的源头。

_____

● 由于横滨对于日式拉面诞生的推动贡献，加之其四通八达的地理优势，在横滨出现一座集日本各地拉面大成的拉面博物馆也就是理所当然的事情了。1994 年，位于新横滨站附近的新横滨拉面博物馆正式开馆，成了日本乃至世界范围内独树一帜的拉面主题博物馆。除了介绍拉面的历史与发展，还有近十家来自日本各地的拉面名店进驻，不仅题材有趣，也许还是日本最好吃的博物馆之一，被拉面的粉丝们亲切地称为"拉博"。

_____

● 新横滨拉面博物馆主要有三个主题：日式拉面的历史与知识的展示和介绍；昭和时代，即拉面发展期的街景和当时拉面店样子的历史还原，充满复古怀旧风情的元素，分布在博物馆各处；最重头的就是日本由北到南各地拉面名店的入驻。除了可以了解与品尝最正宗的日式拉面之外，博物馆的纪念品商店还集中了各种可以带

● 图片提供 © 新横滨拉面博物馆

回家加工的拉面半成品，如各种味道神奇的拉面仙贝、拉面点心，连各个名店的拉面大碗，在"拉博"的纪念品商店都可以买到！

————

横滨方便面博物馆

● 同样在横滨，还有一座比拉面馆更加独特的食物主题博物馆，这种食物我们人人熟悉，但其作为日式拉面衍生品的身份，却是知者寥寥，好在还有这样一个有趣的博物馆，给了我们答案。今天，全世界都流传着一个日本战后三大发明的说法：方便面、卡拉OK、随身听，方便面位居榜首，成了日本近几十年来的最伟大发明之一。前文所提到的食物，就是我们日常生活中经常出现的方便面，横滨方便面博物馆（Cup noodles Museum），就是为纪念日清食品公司的创始人、方便面的发明者安藤百福所创建的，又称为安藤百福发明纪念馆。

————

● 安藤百福1910年3月5日生于台湾嘉义，原名吴百福，是著名的台裔日籍企业家。1958年，他在位于大阪池田的自家小院里发明了世界上最初的方便面——鸡汤泡面，并推向了市场，瞬间获得了日本人民的欢迎，进而他将自己的公司更名为日清食品公司。1971年他又发

博物馆里的拉面店

意大利·米兰：CASA LUCA

意大利面王国意大利认可的"米兰猪骨拉面"首次登陆日本。招牌面是融合了意大利风味的"猪骨拉面"，以及在米兰的总店也备受青睐的"辣椒拌面"。

原味 zweit 拉面

在欧洲最受到注目的店铺初次登陆日本。这家店铺用的是专门制作通心粉用的硬粒小麦粉以及专门制作比萨用的小麦粉来作为拉面的原料。

第二代拳骨屋

黄金汤底的拳骨拉面——第二代拳骨屋。黄金色的汤底由猪骨、鸡骨、干制金枪鱼和海带调制而成。利用按黄金比例调配酱油和盐制成的调味汁进行调味。

龙上海本店

使用以猪骨、鸡骨和鱼贝制成的浓厚汤底的味噌拉面店——龙上海本店。受欢迎的是 32 层弯折而成的极粗面条。

博多元祖名岛亭

对猪骨拉面要求严苛的博多人喜欢的拉面店——博多元祖名岛亭。使用自 1987 年创业以来不断熬煮的高汤做汤头。

紫罗兰

日本最有名的味噌拉面店——紫罗兰。

小紫

九州熊本猪骨拉面的鼻祖——小紫。创业于1954年的历史悠久的拉面店。

◇ ↑百福的研究小屋

明了世界上最初的碗面（纸杯方便面），成功打通了日本以外的市场。时至今日，方便面已经成了全世界最受欢迎的即食食品之一。

───────

● 为了纪念安藤百福的贡献，日清食品公司关联的安藤体育·饮食文化振兴财团在安藤百福的故居大阪池田市建立了方便面发明纪念馆，随后又在拉面圣地的横滨临近港未来21（横滨CBD，全称"港未来21地区"）的地方开设了交通更便利、规模更大的横滨方便面博物馆（Cup noodles Museum），以展示安藤百福的生平、日清食品推出过的各种方便面，以及超过3000种以上的方便面产品包装，还设有可以亲手体验方便面做法的方便面工厂（需要预约），以及可以定制属于自己独一无二方便面的方便面工房。

更有趣的是，在充满现代高科技元素与设计风格的馆内，还忠实还原了安藤百福1958年位于大阪池田故居的样子，被称为百福的研究小屋，再现了安藤百福在家里鼓捣出方便面的情景。除此之外，博物馆里还设有名为Noodles Bazzar的世界面食市集，可以品尝到世界各地的美味面食！

◇ ↑ 我的杯面工厂　　　　　　　　　　　　　　◇ ↑ 鸡汤拉面工厂

◇ ↑ 我的杯面工厂全景　　　　　　　　　　　　◇ ↑ 完成

● 图片提供 ⓒ 横滨方便面博物馆

铁道迷的朝圣地
日本铁道博物馆
SHRINE FOR TRAIN FANS

● 日本是全世界轨道交通最发达、最繁忙的国家之一。作为铁道王国，日本铁道历经长期发展，也培养了大批热爱铁道文化，同时也正推动着铁道文化发展的铁道迷。日本如果没有一家大规模的铁道博物馆，来回报这些专业而热情的铁道迷，那将会是一件非常令人遗憾的事情。好在这样的事情并没有发生，为纪念 JR 东日本（JR 即 Japan Railways 的简称，全名日本铁路公司，JR 东日本为其下负责关东、东北地区铁道运营的东日本旅客铁道公司）成立 20 周年，铁道博物馆在 2007 年的 10 月 14 日，也就是日本的"铁道之日"这一天诞生了，取代已于 2006 年关闭、原位于东京秋叶原的交通博物馆，成了日本铁道迷们新的朝圣地。

———

● 明治五年九月十二（1872 年 10 月 14 日），东京与横滨之间铺设的首条铁道开业，一百多年之后，铁道博物馆也选择在这一天开业，对于日本铁道史与铁道文化的发展，同样有着特殊的意义。博物馆地址位于琦玉县琦玉市 JR 大宫站以西的大成，该地原为 JR 东日本大宫的机车车辆厂，博物馆保留了进出工厂和机车库的铁道线路，在此基础上兴建了一座现代化的大型铁道主题博物馆，通过丰富的内容展示，将日本铁道的过去、现在和未来凝练在一处三层建筑中。自开幕之日起，短短一年之内，入馆人数便达到了 100 万人次，同时铁道博物馆在铁道迷口中也逐渐有了一个新的爱称——"铁博"。

———

● 从入馆开始，铁道博物馆的设计便别具创意，参观者可以使用 JR 发行的乘车 IC 卡——西瓜卡刷卡进入，如果没有西瓜卡，也可直接购买门票入馆。馆内由一层的历史区域开始，展示了日本铁道的整个发展史，从日本铁道诞生的明治初期，到全国铺设铁道网的大正时期，再到出现特急列车与新干线的昭和时代，蒸汽机车、有轨电车、内燃机车、电力机车、货运机车、新干线列车等应有尽有，各时期代表性的车头与车辆展示，形成了铁道博物馆的基础展览。在历史区域，铁道迷们可以找到日本最早的国铁 150 型蒸汽机车、北海道最早的"开拓使号"蒸汽机车，还有东海道新干线最早投入营运的车型，在铁道博物馆一层的历史区域都可以寻到踪迹。

———

● 铁道博物馆的一层还提供了虚拟现实体验技术，可以感受虚拟驾驶蒸汽机车、新干线、京滨东北线、山手线等多个车系和线路的体验，其操作方式与真实对应车型的方式完全相同，而场景的画面逼真度与现实更是几无二致。除了虚拟的驾车体验，博物馆在一层户外的线路区域还提供了真实的电车驾乘体验，电车是经过精简的迷你车辆，外形比真车更为短小，但驾驶间的操作装置与真车基本相同，试驾线路还设置了四个迷你车站，都是历史上曾经出现过的真实站名。户外另设有动态保存库，动态保存了几辆仍然可以正常行驶的车辆，参观者还有机会看到那些车辆在线路上实际行驶的情景。

———

● 在铁博，一切生活的细节都和铁道有关，铁博一层的休息区、餐饮区和亲子广场，设计都以车辆为主题，参观者可以在特急型车厢内或休息，或就餐，也可和孩子在亲子广场一起，将新干线的模型作为大人和孩子共同的游具。

———

● 进入铁道博物馆二层，一条长达75米的日本铁道年表首先映入参观者们的眼帘，年表上，从日本铁道的诞生一直到2014年，历年大事都有着详细的记载，令人惊叹于日本铁道历史的丰厚底蕴。二层以微观的铁道模型作为展示主体，从车身、站舍，到桥梁、隧道等，通过实际行驶的铁道模型与沙盘造景，结合机车鸣笛等环境音，再现了日本铁道普通路线与新干线的全景特征，是火车模型控必看的区域。铁博的铁道模型与世界主流相同，使用16号轨（日本称16号轨，国际习惯称HO轨，即比例为1:87的模型，新干线模型比例即为此，而普通线路因轨距比标准轨距略小，为符合标准模型轨道，比例为1:80），整个沙盘长25米，宽8米，总面积约200平方米，是日本规模最大的16号轨铁道模型。

———

● 铁博二层设有铁道影像与图文资料的展示区域，在资料区可以查询各种铁道相关的图书与重要历史文献（平日需要提前预约）。除了展示，铁博还是学习与研究的重要据点，也正是因为这样的搭配，才使得日本的铁道迷越来越专业，关注领域也越来越多样，同时也为学术界研究提供了重要的文献收藏。另外，二层还开办了列车驾驶员的学习教室，可供参观者报名学习，课程完成后还会进行小测试，完成后可获得"优良毕业证"与"铁道博物馆原创礼品"。而二层的铁道博物馆纪念品商店，则以丰富的铁道玩具、书籍、艺术品、影音制品，满足了铁道迷兼收藏控的需求。

———

● 三层和顶楼天台则提供了可以眺望不远处铁道线路上往来的新干线，和琦玉新都市交通伊奈线列车的展望台，是铁道摄影爱好者拍摄实际线路上行驶机车的较佳机位，也是休息和望远放松的空间。

———

● 铁道博物馆完备而丰富的展示内容，已经征服了日本挑剔的铁道迷，你会去铁博一饱眼福么？

———

● 那么现场见吧。

日式创意美学

东京广告博物馆

JAPANESE CREATIVE CULTURE

● 拥有电通、博报堂、ADK 等多家大型跨国广告公司的日本，在传播领域和设计领域都堪称世界一流。在日本，无论是打开电视，还是走在街上，或是乘车出行，广告如同万花筒一般缤纷炫目，充填着人们获取信息的双眼。日本一直以来对于创意和美学的追求，使得他们的广告大都很养眼，成了城市中独特的装点。在东京的涩谷、大阪的道顿堀，满街"看板广告"（日语中称户外广告牌为看板广告）的点缀，是这些闹市能够成为城市的地标，甚至在一定程度上成为日本象征的重要推力。可以说，看板广告成就了日本的城市景观，城市也使得一些看板广告成为经典，如大阪街头高举双臂奔跑的运动员形象，作为格力高的广告，已经成为大阪的地标而恒久流传。而打开电视，日本的电视 CM（电视广告）同样反映出了日本人在创意和点子上的独特喜好，有些是高科技的大场面，有些很搞笑，有些很无厘头，也有很多唯美、感动和治愈的画面，比很多电视剧和动漫本身还要精彩。

———

● 作为一个广告大国，日本同样也有一座有趣的广告博物馆，诉说着日本广告的发展历史。东京广告博物馆 ADMT，全称 Advertising Museum Tokyo，地处东京新兴 CBD 的汐留 Caretta 广场，与日本最大广告公司株式会社电通总部大楼相邻，是一座集内容展览与资料收集为一体，兼具专业性与趣味性的广告主题博物馆，也是日本唯一一家以广告为展览主题的博物馆。东京广告博物馆于 2002 年 10 月开馆，是年正是日本广告行业巨擘，株式会社电通第四代社长吉田秀雄诞辰百年纪念，博物馆即由电通所设的公益财团法人吉田秀雄纪念事业财团创办，以缅怀这位提出广告人"鬼才十则"的一代广告鬼才，为日本乃至整个世界的广告行业所做出的贡献。

———

● ADMT 广告博物馆主要由展览区、广告图书馆、商店、播放厅等几个部分构成，展览区里很大一部分内容是介绍日本的广告史，从江户

◇ ↓ 博物馆入口

图片提供 ©Advertising Museum Tokyo

◇ ↓ ADMT 常设展区一角

时代的雏形开始，历经明治大正的起步，至昭和时代的大发展，直到平成时代的今貌，更有对未来的展望。除了广告发展史的展览之外，还有很多具有纪念意义的珍贵报纸、杂志、书籍的展示，都代表了各个年代最流行、最具话题性的媒介内容，如人气组合 SMAP 电视料理节目秀 SMAP×SMAP 衍生的料理图书、《东京爱情故事》的纪念版 DVD、初版《挪威的森林》，以及各种杂志的创刊号等。但是比起今日的流行媒介与文化的展示，更

有趣的内容也许还是回到江户时代，回到明治大正时代，饱览平日难得一见的老海报、老看板，甚至从浮世绘的画面上找寻江户时代广告雏形的东洋景。除了常设的展示外，博物馆每年还会举办不同类型、不同主题的特别企划展，每次去都会有不同寻常的新知与发现。东京广告博物馆，让历史底蕴与现代创意相结合，成了日系广告人与媒体人朝圣的最好去处。
_____

● 另外，博物馆还设有广

告图书馆，收藏了关于广告与市场营销门类的日语图书一万两千多册，其他语言类两千七百多册、杂志近两百种，包括日本历届获得广告大奖的作品集与日本以外的经典广告收藏，多数资料均提供阅览与出借，是日本最专业的广告图书馆之一。广告博物馆的主题商店则提供可以购买广告图书、广告资料、海报、明信片等纪念品的平台，还有各种充满设计感的创意小物件，以及以早期广告画面、标签为主题开发的周边礼品，充满了古韵情怀。

曾经的流放之地
北海道网走监狱博物馆大冒险
THE PAST LAND OF EXILE

● **任侠电影**是日本黑帮动作片中重要的一个分支,《网走番外地》系列则是日本任侠电影中较为知名的系列,由日本一代巨星高仓健担纲主演,也是高仓健的早期代表作。从电影的字面意思可以看出,网走是地名,番外地则是未登记的地。该系列电影取景于日本北海道的流刑之地网走,是日本昔日关押与流放犯人的化外之地,壁垒森严的网走监狱便位于这里。地处北海道东北部鄂霍次克海沿岸的网走,天寒地冻,冰雪蔓延,孤悬于道东一隅,令来客心中满是流浪与放逐的情绪。在电影中,高仓健饰演的真一卷入了一场监狱犯人的斗争中,于是一场惊心动魄的越狱计划在这里上演……

————

● 《网走番外地》系列电影从 1965 年开始第一部上映,一直到 70 年代的《新网走番外地》,前前后后共有十余部,一举奠定了高仓健动作巨星的地位,遥远的网走也成了放逐与流浪的象征,

日本黑道电影在题材设定上分为三个阶段,其分别为"任侠"、"实录"和"极道",同时也分别代表了三种当时的时代精神。其中"任侠"电影在特定的本土文化与外来文化对立的社会现实之中产生,它所表现的是对近代民主主义为粉饰利己主义而提出的"理性"的反击和对日本传统"仁义"以及正统武士道精神的讴歌。

更让网走监狱成为日本知名度最高的监狱。为了介绍与推广网走的监狱文化，网走市将明治时代使用的监狱建筑整体异地移建，在天都山另设了网走监狱博物馆（博物馆網走監獄），是使用了明治时代监狱建筑的原汁原味监狱主题博物馆，而真正仍在使用的监狱则称为网走刑务所，所在地与网走监狱博物馆不同，二者需要区分。

● 虽然经过了异地移建，但网走监狱博物馆仍然完整保留了有百年历史的主体建筑，始建于1896年的木质"五翼放射状平屋舍房"，是世界上现存最古老的木质结构监狱建筑，是非常珍贵的明治时代大型建筑。整体以警卫室为核心，监狱走廊向五个方向放射而出，便于狱警观察所有方向狱室的情况。监狱博物馆以仿真人体模型再现了当时的场景，特别是再现"日本脱狱王"五寸钉寅吉（西川寅吉）和"昭和脱狱王"白鸟由荣越狱景况的布置，令人印象深刻：博物馆正门一个扫地的矮小犯人形象，便是日本有史以来越狱次数最多的五寸钉寅吉；另一个在一处走廊上方几近赤裸全身攀爬的形象，则是白鸟由荣，据说他使用监狱餐提供的味噌汤长期浸泡自己的手铐令其生锈，然后让自己全身的关节脱臼，从栅栏逃脱，借着"缩骨奇术"一举成为日本的"昭和脱狱王"。说到监狱餐，在网走监狱博物馆可以品尝监狱食物，在这里的食堂来一顿"监狱餐"也是一种新奇的体验。

————

● 作为监狱主题的博物馆，网走监狱将从明治时代到现今的日本监狱历史进行了完整的展现，除了监狱建筑文物的保存、"脱狱王"与监狱餐这些有趣的展示与体验之外，馆内还有放映厅，通过影音的讲解，结合仿真人体模型的场景还原，为参观者介绍了一段鲜为人知的历史：在明治时期，曾经收押了大量犯人的网走监狱，将这些犯人作为劳力在北海道开山修路，架设桥梁，打通隧道，他们面临着北海道暴雪等艰苦的磨难，很多人由此也献出了生命，这些连名字都不会被人们记住的犯人劳工，无言地铺设了一条条平坦的公路，促进了北海道的开拓。

———

● 历史发展到今天，日本的监狱也在经历着发展，监狱博物馆内提供了可供参观"体验"的"班房"，从原汁原味的历史，一直到现代的囚室，都展示其中。馆内还提供了拍警局标准照的角落，游客可以拍摄一张正脸和侧脸的警局标准照，作为非常特别的来馆纪念。作为《网走番外地》系列的取景地，网走监狱博物馆自然也陈列了高仓健的多部影片海报，如果喜欢高仓健，这里也是一处可以用来缅怀的地方，在北国的化外之地网走，银幕中高仓健的形象永远年轻高大，永远充满着富有棱角的线条与力量。

● 印象里满是流浪与放逐情绪的网走，印象里森严恐惧的网走监狱博物馆，实际体验下来，其实并没有听起来那么可怕，相反里面有趣的展示和体验内容还很生动有趣，脱狱王的故事、拍警局照、囚室参观、监狱餐……博物馆附属的商店还出售各种印有网走监狱或是网走刑务所字样的T恤，足够让人留下深刻的印象。这就是别具一格的网走监狱主题博物馆，听起来有点吓人，看起来却非常有趣。

努力的鲑鱼的一生

北海道千岁鲑鱼故乡馆

MEMORIES OF SALMON

● 说到日本水产的代表，餐桌上泛称的三文鱼，也就是鲑鱼，或称为大马哈鱼，应该是当仁不让的主角。日本的鲑鱼主要以太平洋鲑鱼为主，其中，北海道又是整个日本鲑鱼产量最高的地区。北海道西接日本海，东临鄂霍次克海和西北太平洋，都是喜欢在冷水中活动的鲑鱼的分布区域，北海道的河川湖泊更是太平洋鲑鱼洄游的生身故乡，也是鲑科各种陆封型品种畅游的乐土。在日本，不仅仅有冲绳和大阪那样大规模的海洋水族馆，在北海道的千岁市，还有一座

以鲑鱼和淡水鱼为主的水族博物馆。博物馆临千岁川而建，千岁川是鲑鱼洄游的自然河道，通过博物馆内部的观察窗，在鲑鱼洄游时期还能看到河里逆流而上的鲑鱼。鲑鱼是一种充满勇气的鱼类，在冰雪消融的时候诞生在河流的上游，然后顺流而下，浩浩荡荡地游入大海，在大海中生活三至五年，返回生身河川产卵，不管在大海中游走多远，它们始终能记得自己故乡的味道，于是义无反顾地逆流而上，回到自己出生的地方，产卵后便力竭而死。千岁川便是鲑鱼的一

处故乡，每年都会有鲑鱼返回这里终此一生，也会有年幼的鲑鱼从故乡出发，游到大海展开更广阔的生命篇章。当地将博物馆命名为"千岁鲑鱼故乡馆（サケのふるさと）"，简简单单的意思，却充满了对于生命的礼赞。

————

● 人们对于北海道千岁的印象，大抵都源自进出北海道的空路门户——新千岁机场，真正特意停留在千岁旅行的游客却并不多。但千岁有着日本屈指可数的鲑鱼和北方圈淡水鱼主题博物

馆——"千岁鲑鱼故乡馆"，还是非常值得一探究竟的去处。如果你很爱吃寿司或刺身里的"三文鱼"，参观完博物馆后，你会了解到鲑鱼如此勇敢而执着的天性，下次再面对这种为我们所用的食材时，请怀着对生命的敬意吃下它们。

————

● 千岁川是北海道最长河流石狩川的支流，发源于支笏湖，在札幌南郊的江别市汇入石狩川后，最终注入日本海，是鲑鱼重要的洄游河流，甚至在石狩地区都诞生了一种以鲑鱼为主菜的"石狩锅"料理。由于北海道一直以来对于鲑鱼这种食材的需求，千岁市早在1888年，就开始了鲑鱼的人工孵化、放流事业，当地人在千岁川河道上设置一种"印第安式"水车，用来捕捞洄游归来的鲑鱼成熟体，进行人工取卵与受精工作，以期提高幼鱼的孵化率，进而扩大鲑鱼的产量。随着千岁市人口的增多，河道上的印第安式水车也成了当地一景，围绕水车进行了一系列的科研企划与开发，到了1994年，千岁鲑鱼故乡馆也随之诞生。

————

● 千岁鲑鱼故乡馆建筑的样式采用了河流波浪的元素，寓意鲑鱼的故乡。走出千岁鲑鱼故乡馆的后门，一旁正是千岁川，河上还架着当年样式的印第安式水车，而早年的印第安式水车则作为重要文物得以保留，并展示在千岁鲑鱼故乡馆内。这里仍然保留了用印第安式水车捕鱼的传统，鱼游进水车中便会被旋转的叶片直接送入后方与河道隔断的水池，这是非常古朴而有趣的捕鱼方式。

————

● 馆内的空间迂回广阔，共有大大小小二十多个水槽，

将鲑鱼不同的生命阶段进行分段展示，从幼鱼到成鱼，只需走在其中，就可以了解鲑鱼一生的不同状态。其中一座高5米，宽12米的大型水槽中，饲养了哲罗、虹鳟、姬鳟、樱鳟等多种陆封型鲑科鱼类，以及施氏鲟、达氏鳇等分布于北海道、本州，以及堪察加半岛、黑龙江水系的北方圈淡水鱼类，种类达六十余种。除了淡水鱼的活体之外，还有一些模型，用来让参观者实际感受鱼的大小和重量。还有一系列的动物标本，结合模拟的千岁川河道，来表现整个千岁川河流的生态圈和食物链。

● 馆里的放映室会为参观者播放一部纪录短片，以千岁川为背景，以一只卡通鲑鱼的第一人称视角，生动讲述了鲑鱼周而复始，生生不息的不平凡生命，和故乡馆人工增殖、放流的鲑鱼资源保护事业。现在我们已经知道，鲑鱼不仅仅是一种美味的食材，其特殊的洄游习性，决定了它们的生命就是不停地旅行，让人敬佩。

———

● "水中观察室"是千岁鲑鱼故乡馆的一大特点，故乡馆紧挨千岁川所建，特意在千岁川自然河道的水下安装了玻璃窗，从馆内紧邻河床所建的水中观察室，就可以通过玻璃窗看到河里的情况，游过窗外的鱼正是千岁川里的野生鱼类，在鲑鱼洄游的秋季，会有机会看到成群的鲑鱼从窗前经过。

———

● 博物馆内还陈列了当地艺术家所创作的一些关于环保主题的绘画作品，也许，人类对于鲑鱼的索取确实有些过多了，不管怎么说，下次再品尝鲑鱼的时候，请多少怀揣一些对它们的敬意吧。

● 博物馆抑或还包括各种艺术馆、民俗馆，假若是人气高的，都不可能像电影里所表现的那样静悄悄，让人忘我地沉浸在历史长河或者艺术的世界之中，哪怕是在以"无声的世界"著称的日本也是一样。

————

● 不辞辛苦地赶到某座城市的某个慕名已久的博物馆，看到那些自己朝思暮想的真品，怎么可能保持淡定？他们会三两成群地围在展窗前，悄声说着自己关心的话，并时不时指着展品说"すごい（厉害）"。日本人太爱说"す

ごい"了，只要有什么需要自己来表示惊叹或者敬重，这个词都会脱口而出。所以，也会有那样的笑话：在博物馆里，假若看到一小群人站在展品前面留影，那就是中国人；如果看到他们只是默默地低声惊呼すごい，那就是日本人。（当然，这只是个笑话而已，太过于刻板和片面，却也从这么个片面的角度感受到了一些不同文化下的特性。）

————

● 但到底这些展品厉害不厉害，自己看没看懂厉害之处呢？恐怕很多时候呼出此

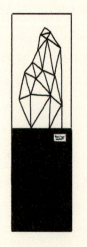

词的人也未必知晓。

————

● 记得几年前，在台场的科学未来馆举办了一次哆啦A梦特展，展厅里展出了许多用现代科技已经实现抑或效仿实现了的哆啦A梦的神奇道具，并且有些展品可以亲身体验。现场最受欢迎的展品有：能和小朋友智能对话的机器人、竹蜻蜓、隐身衣。其中对话机器人十分可人，它可以识别标准的日语口语并且自行处理智能对话，而竹蜻蜓却只是一个说辞，实际上是超小型直升飞机展示，虽然相对于通用的直升飞机已经算是相当微型，但和漫画里直接粘在头顶就可以飞的竹蜻蜓还是有些差距。最后，则是排了最长队，所有人都想亲身体验一下的隐身衣。

————

● 大概排了整整一个小时的队，终于就快轮到我了。而排在我前面的，则是一家三口，上小学的儿子看起来很兴奋。妈妈走到体验区里去，穿上了隐身衣，爸爸先趴在观察口看，情不自禁地说出了"すごい"，随后赶紧让儿子也去看，嘴里还一直不断地"すごい"着，就好像真的特别特别厉害一样。而原本很兴奋的儿子，趴过去只看一眼，就离开了观察口。爸爸依然"すごい"地对着儿子说着，儿子却鄙视地瞥了一眼假兴奋的爸爸，说了句"ぜんぜん（一点也不厉害）"。

————

● 我差点笑出了声，小朋友真是太不给爸爸面子了呀，然后我也趴过去看了看，的确一点也不厉害，只是投影在白色衣服上一个背景图案而已。幸好我也没有日本人的那种习惯，没有随口说"すごい"，也就离开了。

151

和风电铁
JAPANESE RAILWAY

日本铁道
慢生活的趣味美学
JAPANESE RAILWAY

● 也许日本是这个地球上最迷恋铁道的国家之一。

● 20世纪80年代，中国当时播放的某个日语电视教学的节目，开头的片花给很多人留下了很深的印象：有熙熙攘攘的东京街头，有和服与樱花，还有富士山下疾驰而过的新干线。

● 对那个还属于绿皮火车时代的中国而言，那如同子弹飞车的新干线便成了日本的符号之一，是当时日本高度发达的象征，是令彼时刚刚改革开放的国人所惊奇的"东洋景"。在此之后，在中国，以新干线为名的日本符号如雨后春笋般涌现——新干线日语培训班、新干线留学中介……新干线成了日本速度乃至日本的代名词。如今，高铁在中国已是遍地开花，我们用了短短的时间就赶上了日本新干线的速度，

甚至在北海道新干线还在不紧不慢施工的时候，"世界第一条高寒地区高速铁路"的名号已经落入了中国东北哈大高铁之下。

————

● 回头望去，瞻望日本新干线的时代仿佛还在昨日，我们在今天已经赶上了日本的速度。但是，当速度提起来了之后，慢下来似乎已经变得不那么容易了。轨道交通逐渐成了我们生活中的一个高效便利的代步工具，我们只记得要急匆匆地赶到新建成的高铁站，乘坐高铁快速到另一个城市去赶一个会议，或是挤着地铁去上班，四周都弥漫着一股不愉快的空气……细细想来，我们似乎已经有好久没有慢下来悠闲地乘坐一次慢车出游了。

————

● 这时候，我们才发现，高铁越跑越快，地铁越修越多，但蒸汽机车基本已经退出了历史舞台，内燃机车逐渐被电力机车取代，车厢里的车窗再也打不开了，城市里，铛铛作响的老式有轨电车更是难觅踪影……我们的铁道似乎只是在帮我们如何快速地生活，想慢的时候却慢不下来了。

————

● 好在那些"铛铛车"依然还跑在邻国日本的街头，我们依然可以乘坐慢慢悠悠、能打开窗户的电铁，沿着湘南海岸，去看穿花衬衫的少年和比基尼辣妹；或是穿过比睿山的秀树，行过函馆的教堂与"坂道"，在紫阳花、樱花或薰衣草的花海间穿梭；在白雪皑皑的冻原上，蒸汽机车的火轮轰然驶过；站台上，猫站长懒散地视察着车站的状况，一旁是洋溢青春气息的等车的女学生。这个我们熟悉而又陌生的邻国，不仅仅只有新干线，他们很快，但依然可以慢下来。

————

● 日本的铁道与行驶其上的机车是森罗万象的，其种类的多样性与深厚的历史背景，在两条铁轨上产生了无数有关机车和人的故事，也培养出了堪称世界上最专业、最多元化的铁道迷们，最终使得铁道作为日本文化的一部分，与富士山、浮世绘、和服、日式料理等传统古朴的东洋元素一样，成了日本的象征。

日本铁道的开端

俄国传入和田中久重

BEGINNING OF JAPANESE RAILWAY SYSTEM

● 日本是亚洲最早诞生轨道交通的国家，同时也是亚洲最早修建地铁与高速铁路（新干线）的国家。历经了一个多世纪，日本已经是地球上轨道交通网络最发达的国家之一，各种轨道交通装置在此应有尽有：以新干线为首，连接城市之间的高速铁路与电气化铁路，城市内部复杂的高架、地面与地下轨道交通，历史街区保留的小型有轨电车与景区的观光线路，甚至柴油机车与更古老的蒸汽机车，仍然作为一些季节性的临时线路而存在

着。可以说，日本自身就是一座铁道博物馆，博物馆的展位就是北起北海道，南至冲绳的整个日本国土。

———

● 而最早将火车与铁道传入日本的，其实是另一个铁路大国——俄罗斯。1853 年，在美国人佩里率领舰队来到日本，引发"黑船来航"事件一个月之后，沙皇俄国的海军上将叶夫菲米·普提雅廷也率领舰队来到日本的长崎，向日本寻求贸易通商，并将舰船上搭载的蒸汽机车

模型展示给了日本人。当时，负责长崎港安防的佐贺藩对叶夫菲米·普提雅廷带来的蒸汽机车模型表现出了极大的兴趣。第二年，佩里来到横滨，也将蒸汽机车模型作为礼物献与当时的江户幕府，虽说是模型，但其实是缩小版的蒸汽机车，车头、车厢、轨道一应俱全，可以容下普通人驾驶，已经是实际可以

黑船来航事件是指 1853 年美国以炮舰威逼日本打开国门的事件。

156

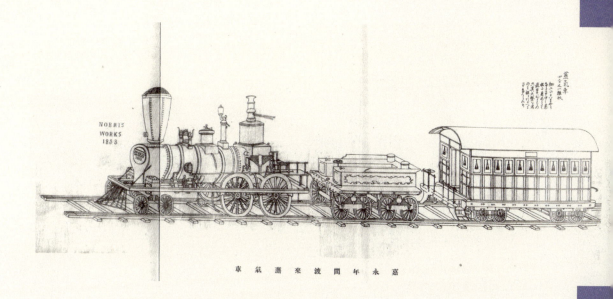

车 氣 蒸 來 渡 間 年 永 嘉

运转的火车了。

———

● 日本发明家田中久重随即于1855年，在佐贺藩完成了对俄国蒸汽机车模型的仿制，日本人制造的第一辆蒸汽机车就此问世，拉开了日本铁道史的序幕。而作为日本蒸汽机车之父的田中久重，又制造出了日本第一艘蒸汽轮船的模型，明治维新后来到东京，创立田中制造所，也就是日本东芝公司的前身。

———

● 继仿制模型之后，1858年，日本将英国计划带到中国展示的蒸汽机车"真身"抢先引入长崎，实施了一个多月的试运行。佐贺藩和与之相邻的萨摩藩被来自欧美的"蒸汽机关车"所折服，与幕府都展开了铺设铁轨的计划，但随着明治维新的到来，江户幕府被推翻，计划也被暂时搁置。

———

● 另外，随着北海道开拓的展开，在北海道的茅沼发现了煤矿，为了方便采矿与运输，在英美工程人员的建议下，当地政府于1866年至1869年间铺设了茅沼炭矿轨道，以牛马甚至人力作为驱动，开启了日本矿山轨道运输的历史。

◇◇ ↓ 田中久重在佐贺藩仿
◇◇ 制的蒸汽机车

明治维新之后的铁道大发展
MAJOR DEVELOPMENT
AFTER MEIJI RESTORATION

● 明治维新之后，正式铺设可实际运营的铁路线，便意味着近代化的开始，渴望维新的日本明治政府深知这一点，但在当时，主张先扩充军费，没必要把预算用在修建铁道上的意见也有很多。大隈重信、伊藤博文等明治时代的政治家力排众议，于1869年（明治二年），决定修建东京至横滨之间的铁道，翌年开始动工修建，同时聘请欧美工程师，从英国购入适合窄轨（1067mm轨距）运行的蒸汽机车，至1872年（明治五年）完工，并开始在东京品川与横滨之间试通车。同年10月14日，东京新桥至横滨站正式通车，这一天也成了后来日本的铁道纪念日。

————

● 随后的1874年，大阪与神户之间的铁道也建成通车，北海道也于1880年起开始修建便于矿藏运输的铁路线，成为了后来手宫线与函馆本线的前身，其中位于小樽市内的货运支线——手宫线于1985年停运，但市内的一段铁轨得以保留，成了小樽市内的一处旅行目的地，是北海道乃至整个日本早期铁道的历史见证。

————

● 由于随后日本国内爆发西南战争，明治政府进入了财政吃紧的状况，但修建铁道的热潮并未停止，他们聪明地吸引民间资本进入铁道的投资与运营中来，日本的铁道发展史进入了明治"五大私铁"的时代。日本铁道、北海道炭矿铁道、关西铁道、山阳铁道、九州铁道，五家半官半民的铁路公司继续推行日本铁道的建设，仅仅用了30年左右的时间，就完成了日本本土铁道网的整体布局，总里程从最初东京品川至横滨之间的30公里，发展到了7000公里。

————

● 发展过快的背后，私铁也相继陷入了经营不善的困境，日俄战争之后，各大私铁相继被收归国有成为日本

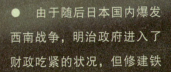

国铁：也就是后来日本大型铁路公司 JR 集团的前身。在 19 世纪末 20 世纪初，随着国有化进程的展开，日本也不再依赖整车进口，开始自主开发蒸汽机车与电力机车。1895 年，京都市的有轨电车投入运营，取代了先前使用的马车铁道，成了日本最早的路面电车；1927 年，东京地下铁道银座线投入运营，1933 年大阪御堂筋线也随即开业，日本的地铁时代全面来临。

———

● 进入大正昭和时代，一些财阀相继崛起，新的私铁得到了发展，成了现今诸如东急、近铁、京王、京阪、小田急等私铁的前身。50 年代后，日本开始了战后的第一次快速发展，各种类型的内燃机车与电力机车陆续登场，但仍然解决不了日益增长的运力问题。20 世纪 50 年代末，继承战前曾经计划实施的"子弹头列车计划"，日本开始重启高速铁路的研发，当时的国铁总裁十河信二力排众议，顶住了来自预算、技术与实施必要性等重重压力和质疑，建设了东京至大阪之间的东海道新干线，连通了东京、名古屋、大阪三大都市，于 1964 年东京奥运会开幕前夕顺利通车，成了世界上第一条高速铁路。而那个新干线在富士山下疾驰而过的经典场景，正位于东海道新干线三岛站至新富士站段之间的位置。

———

● 日本对于铁道的执着，使之成了世界范围内屈指可数的铁道大国，同时他们也培养出了以"铁酱（鉄ちゃん）"相称的专业铁道迷（鉄道ファン）。他们或对铁道史与站舍着迷，或对车辆与车型有着专业研究；还出现一些追铁道的摄影师与摄影爱好者，和一些喜欢乘电车旅行的铁道旅行者；铁道模型、车票、车站印章的收藏者更是层出不穷；更有一些"铁酱"，专门研究车站的广播、录音、信号音与车辆鸣笛等声音……

神奈川的"江之电"和湘南海岸
与《灌篮高手》有关的青春记忆
ENOSHIMA ELECTRIC RAILWAY
IN KANAGAWA AND COSTAL SHONAN

湘南海岸电车

● 《灌篮高手》和公牛队，曾给我们的青春留下不可磨灭的记忆，无数在那个时候年轻着的男孩子，都曾经幻想自己像流川枫一般潇洒，像三井一般精准地投中三分，或是像樱木花道一样有一个赤木晴子那样的梦中情人。日本校园的青春生活，通过《灌篮高手》向那个年代的中国青少年传递了一些场景

上的代入感。尽管那个时代的年轻人大多没有去过日本，尽管《灌篮高手》也只是一部动漫，但里面场景里的每一个细节，如湘北、陵南、神奈川这些当时听来并不熟悉的地名，以及伴随它们的种种风景，粉丝们都如数家珍。

————

● 在海岸公路上骑行的流川枫，与公路并行的濒海铁路线上总有复古的绿色老电车驶过，樱木站在铁路道口向另一边的女孩子们挥手……与那些超现实题材的漫画不同，这种在海风中飘

荡着青春味道的日常画面，让人感觉真实而亲切。这些场景是不是真的呢？事实上，《灌篮高手》里出现过的这些场景，都在现实世界中有迹可循。

————

● 在《灌篮高手》中出现的场景里，一部分原型取自神奈川县镰仓市的湘南海岸，其中有一辆在海岸边穿梭的电车出镜率极高，无论是在动画版本的片头曲里，还是在剧情当中，这辆有着黄色窗框与绿色车身的复古搭配的电车，在《灌篮高手》中

频频出镜，成为灌高迷们青春记忆中的一个重要符号。这样的风景虽然不曾为彼时的他们所亲身经历，但井上雄彦为所有喜欢这部漫画的人们描绘出了湘南海岸的实际场景，这样具象的画面已然成了人们记忆里青春的一部分。

现实中的江之岛电铁

● 这条电车线路由小田急电铁旗下的江之岛电铁运营，在镰仓至藤泽之间，一共设有十五个站点，串联起了神奈川县镰仓市的镰仓大佛、镰仓高校、湘南海岸公园、江之岛等旅行目的地，是神奈川县的景观电铁。其中，《灌篮高手》中一部分有关江之岛电铁的场景，就取自江之岛电铁"镰仓高校前"站。

● 熟悉的道口与信号灯、间或行过的老电车，后面是湛

蓝的大海，往上走去，还会找到陵南高中的原型——镰仓高校，行走在此间，你会发现，这样一幅幅在动漫中出现的画面，在眼前已经全部变成了真实的场景。多少人不惜漂洋过海，来到镰仓，来到湘南海岸，找寻江之岛电铁，寻找到青春的记忆。

———

● 台湾女歌手陈绮贞，为此还专门写了一首歌叫作《坐火车到传说中的湘南海岸》，通篇有吉他悦耳的伴奏。陈绮贞用爽朗而笃定的语调将歌词读了出来，与其说这是一首歌，倒不如说是一篇有关青春的日记。

———

坐火车到传说中的湘南海岸
听起来好像会有穿花衬衫的少年和比基尼辣妹
所谓的湘北就是灌篮高手的那个神奈川县的一个地区

樱木花道是湘北高中篮球队的
湘南理所当然是在湘北的南方
至于清楚的地图上的位置
我放弃
详细情形我记不清楚了

虽然只是几天前的事情
存在我的脑海中只剩一些块状的片段
火车两边的风景
长长的车厢可以从第一节直接看穿到最后一节
有些路段两旁的房子靠得好近

好近
火车好像被夹在矮房子的中间
冲动地逃脱
火车的椅子是绿色的
窗台的铁柱被阳光照得发亮

明明知道照相机很难真的拍出
直接进入眼睛的一切
我还是忍不住地拿起相机胡乱
地拍了一阵
拍累了稍息以后
安静地坐在椅子上
看看坐在对面的人

对于眼睛看到的景色
也只是静静地看着而已
不像我掩饰不住心里的激动

树啦 花啦
平交道 砖块 招牌
海岸线 女学生
流窜在车厢里饱满的光和影子
我被他们追着跑
下午四点关闭的湘南海岸
只有我和欧巴桑没有穿比基尼
————

● 　与其说江之岛电铁行进
的线路是景观路线，倒不如
说江之岛电铁本身就是流动
在路线上的景观，这条路线
长期以来得到了住民和游客
的厚爱，被赋予了"江之电"
的爱称。坐上"江之电"，
来到永远的湘南海岸，一起
重温属于《灌篮高手》的青
春时代吧，那里安放着我们
的青春，今后也会一直好好
地怀念下去。

京都
睿山电铁
KYOTO

● 京都的地铁线路并不发达，不像东京早在 1927 年就有了第一条从银座开往浅草寺的地下铁线路——银座线。这并不代表京都这座城市不够发达，恰恰相反，京都作为日本的千年王都，拥有极为丰厚的历史文化积淀，是日本传统文化集中体现之地，同时又是高度发达的现代化、国际化大都市。京都地铁只有乌丸线和东西线两条市营线路，其原因正在于京都的地下世界实在太过复杂和珍贵了。市内古建筑群落的地基不能碰，需要绕开，绕开后又时常会挖到文物，最后人们干脆放弃了地下铁路的挖掘开发，只留存下那两条线路继续运营。

_____

● 地下世界受阻，而地上的世界对于轨道交通来说也并不乐观，一来依旧是古建甚多，二来有轨电车在古建之间穿行也影响京都的文化样貌，因此京都的地面轨道交通也不多，倒是巴士也就是公交车变得高度发达。

_____

● 不过，即便如此，也还是有一条线路十分值得一提，甚至堪称京都人心中最为重要的一条线路：睿山电铁。

_____

● 除了 JR 线和大阪近铁等城际电车交通线之外，京都市内只有两条奔跑在地面上的铁路线——京福电铁和睿山电铁。因为京都市内的特殊性，两条铁路也都是在市郊，京福电铁去往岚山，睿山电铁去往比睿山。岚山红叶举世闻名，而比睿山则是京都的圣山。睿山电铁正可以带着乘客一路上到比睿山顶（需要从睿山本线的八濑比睿山口站换乘索道缆车，但也同样还属于睿山电铁的一部分）。

_____

● 睿山电铁的历史相当悠久，早在 1925 年 9 月睿山本线便开通运营，随后是年 12 月钢索缆车也随之建成，到现在刚好 90 年。90 年来，睿山电铁带着无数观光客和京都市民登上比睿山顶，俯瞰京都这座千年古都。

_____

● 也正是因为这样的悠久历史，睿山电铁在京都人心中成了相当重要的文化象征，特别是近年来一位名叫森见登美彦的年轻作家在小说中屡屡提及，使得睿山电铁在中国也变得更加有名且形成了新的日本文化符号。

_____

● 在森见登美彦的小说《春宵苦短，少女前进吧！》中，有个有着奇怪嗜好的大叔，经常举办莫名其妙的俱乐部聚会活动，而聚会场所就是在大叔私人收藏的一节睿山电铁车厢中。小说中的男主人公看到睿山电铁车厢时，第一反应不是惊奇而是找到

了童年时看着睿山电铁在山间飞驰就兴奋不已的单纯记忆。随后，森见登美彦又写了更广为人知的《有顶天家族》，讲的是狸猫和天狗还有人类的故事，狸猫一家的二哥最擅长的恶作剧就是变身成睿山电铁的车头在京都市区的大街小巷里乱窜吓唬行人。因为小说很快改编成了动画，使得睿山电铁的形象更加深入人心，不仅动画的热播促使睿山电铁有了"有顶天家族"的痛车，还令许

多中国的年轻动漫迷们，到了京都更是要跑到京都市北亲眼看一看睿山电铁的车头到底长成什么样子。看着那个方头方脑的车头，还不禁惊叹一下假若这家伙真的跑在京都四条通之类的街道上还真是够人受的。

_____

● 当然，离开文学和动漫的睿山电铁同样魅力十足。

_____

● 在睿山电铁被几家公司轮番收购注资之后，也有了专供观光客乘用的拥有全景玻璃窗的观光列车。乘坐观光列车，不仅可以一路观赏比睿山的秀美山景，其中还有一段著名的穿越枫树树林之路，假若正赶上红叶时节，列车行进在茂密的枫树之间，透过全景玻璃窗仰望四周，如同穿越红叶隧道一般，这本身便是一种相当有日式美感的享受了。

● 在日本的地铁抑或电车的车站里，每个月台上都会有小型的便利店，卖一些便当、饮料等生活用品，以及厚厚的列车时刻表。

——

● 列车时刻表在中国的火车站里也有销售，听来并不稀奇，但要注意的是那不仅是远途的一日趟次并不算多的列车时刻表，而是每日经过这一站的所有轨道交通列车的进站时间安排表。也有些小一点的站，时刻表是贴在墙上的，也有的大型车站会有如同机场航班信息表那样的电子屏时刻表。但无论是以什么形式呈现出来的，初次接触者首先都会被其复杂度所震惊，密密麻麻，每一页都布满了表格和数字。当然，很快还是能看出门道的。因为只要找准了列车线路，就会轻易地发现每一辆车都完全按照时刻表所列的时间进站和出站。不夸张地说，每辆车哪怕连关门的时间都是早已定死，绝不会轻易改变。

——

● 这一点就像和日本人约见一样，只要你跟日本人确定过一次时间地点，他就会记下来，无须再提前一天确认，到时间他一定会极为准时地抵达，甚至早到都是少有的。

——

● 后来去日本的次数多了，对时刻表又有了更深的认识。原来不仅仅是轨道交通，就连公交车都是完全按照时刻表规定的时间进站出站的。说是分秒不差有点夸张，偶尔也会出现大概不到 1 分钟的误差吧，但到下一站时间一定会被司机追回来。我猜日本公共汽车公司在面试司机师傅的时候一定是只挑处女座有强迫症的吧……

——

● 不过，也正是因为在交通方面也能如此守时，守时到强迫症的地步，才能催生出仅在日本才可能有的推理小说门类：时刻表诡计。在案件中，凶手都靠列车时刻表来证明自己来不及往返于作案现场，从而提供不在场证明。这要是在除日本以外的任何一个国家，恐怕根本都无法计算出搭乘交通工具往返两处之间的精确时间，那么更别提诡计的成立了。

妖怪
YOKAI

妖怪出没！注意！
ATTENTION! YOKAI AHEAD!

● 妖怪文化在日本可以说是显学，如同三雅道（花道、茶道、香道）般深入人心，与和服、艺伎、相扑、浮世绘、忍者、能剧、雅乐等成为日本文化的标志。其表现形式多样，文学上的怪谈、不断推陈出新的妖怪绘卷以及林林总总的妖怪学术著作等，异彩纷呈。20世纪以来，新的介质出现，尤其电影、动漫的出现，妖怪被映像化，同时在生活中被用于各种创意设计，不少妖怪迷设定了诸多旅行探秘路线（妖怪散步道）……妖怪文化被植入现实生活，随处可见。

_____

● 比如被称为日本鬼怪漫画第一人，绰号妖怪博士的水木茂，在接近五十年的漫画生涯里，涉及的门类虽然非常多样化，但主要的作品都以妖怪为主角，尤其他创作的漫画《鬼太郎》，更是风靡全日本，多次动画化。就连他的妻子武良布枝的自传也被改编为日剧《怪怪怪的妻子》(2010)，受到拥趸们的追捧。甚至在东京调布深大寺，沿着一条小食街走到尽头，还有一家以《鬼太郎》为主题的鬼太郎茶店。在这里，除了鬼太郎，还可遇到眼珠老爹、鼠男等。就连点心都别有用心——抹茶眼球丸子、烤涂壁蒟蒻……不一而足。

_____

● 水木先生的故乡鸟取县境港市也大力发展妖怪旅游，将商店街改成"水木茂路"，还专门修建了水木茂纪念馆，并将当地的米子机场改为"米子鬼太郎机场"。前往妖怪街可搭乘鬼太郎列车由"米子车站"出发，约40分钟的车程后，会到达最后一站"境港车站"。市里的妖怪电车在车身外表设计上很花心思，车厢内部也是"妖气"十足，各式妖怪图案赏心悦目，无处不在。车厢上用玻璃镶着一份图纸，远看以为是乘车规定，细看才晓得那是"妖怪城市宪章"。妖怪动漫旅游已经成为境港市的特色旅游，每年吸引着大批国内外动漫迷慕名前来观光。

_____

日本妖怪文化的流变与萌愈
TRANSFORMATION OF JAPANESE YOKAI CULTURE

什么是日本妖怪

● 日本文化中认为："妖怪"是种特异超自然的存在，区别于人常见的动植物以及日用品，它们常常具备超乎寻常的本领，有神格化特征，同时又无法去除人性，正与邪、美与丑、灵与肉因此没有了界限。

————

● 它们"诞于草木，隐于山岩"，人类可能一生都看不见它们，但它们却能不可思议地影响着人类的生活。妖怪与神同根同源，本来是没有太大差别的，只是到了后来，神渐渐分化成了不同的"等级"，近代妖怪学的奠基人柳田国男如此概括："妖怪就是神衰落后的形象。"

————

● 日本的妖怪并不是凭空想象出来的，而是人类经过漫长积累塑造而成，这与神话传说、民间习俗息息相关。

————

● 天地玄黄，太初有道。在人类尚未诞生的蒙昧时代，千妖万物已然存在。由于缺乏对自然的了解，对天灾祸患的恐惧不安激发了人类的想象。岛国日本水域和山岳文化浓厚，自古就有"八百万神"之说，与山、水相关的妖怪更是为数众多，充满原始色彩的泛灵信仰。

————

● 日本人民认为"森罗万象唯灵之宿"、"山川草木悉皆成佛"，神明就在身边，隐身于无所不在的大自然。当出现异常天象比如日食、月食或火山爆发、地震等自然灾难时，人们便把这些现象都看作是神灵对人类行为的惩罚或庇佑。以此思想为源头，逐步演变为日本的本土宗教"神道教"（神道教的皇祖神是天照大神，日本天皇万世一系，被认为是天照大神的后人）。

————

● 正是这份对于自然的敬畏，产生了神祇，妖怪也因此而生。

————

● 一直到进入平安时代（公元794～1185年），妖怪的文化越发繁盛起来。这是一个人类和妖怪共处的时代。在日本古代的文化传说中，这时期妖怪的住地和人类重叠，只是，人在白天活动，妖怪在夜晚出现，当时流传下来的妖怪多达五百余种。

————

● 也是因为妖怪的出现，古代日本政府设立了专门的巫师——阴阳师，他们懂得观星宿、知灾异、画符念咒、施行幻术，对于人们看不见不可知的力量，都深知其原委，并具有支配这些事物的能力。他们驱邪除魔、斩妖灭怪，成为上至天皇、下至黎民百姓的有力庇护者，这个职务在平安时代尤受尊崇。在日本广为人知的安倍晴明，就是当时宫卿贵族信赖的大阴阳师。他的生平和传说经过千年演绎，越发神秘，以至于到现在仍有关于他的文学和影视作品出现，不断丰富人们的想象。

———

● 平安时代是日本天皇统治的巅峰时代，同时也是日本文化的大繁荣时代。物语、绘卷、和歌、俳句、能乐空前发展，妖怪文化也在其中后期达到了前所未有的高峰，并由单纯的传说演变为一种确实存在的信仰。从《日本灵异记》、《今昔物语集》、《源氏物语》、《宇治拾遗物语》、《日本风土记》、《古事记》、《本朝文粹》、《丹后风土记》等古籍中都能寻到妖怪的踪迹。

———

妖怪画师

● 如果说平安时代末期（公元 12 世纪），画家在《辟邪绘》中描绘退逐邪魔的情态，是"妖怪"绘画艺术的初登场，那么进入室町时代（公元 1333 ~ 1600 年），则出现了最早的专业妖怪画师，当时他们由朝廷供养（御用）。如今收藏在京都真珠庵的《百鬼夜行绘卷》，相传为土佐

光信所制，这位妖怪画的开山宗师借鉴了中国画的技巧，无论对妖怪形象的塑造还是其生动传神的笔触，都对后世妖怪画师的风格影响深远。一直到公元 17 世纪初，德川家康结束战国硝烟，开创德川幕府时代，江户（东京）成为行政中心。由于民众生活稳定，人口激增，商业手工业繁荣，庶民町人文化兴

起，"妖怪文化"再次兴盛。民间流行"百物语"的游戏（大家围坐，点燃一百根蜡烛，每人轮流讲鬼故事），同时《伽婢子》、《御伽草子》、《雨夜物语》等作品的出现，让"怪谈文学"的黎明也提前到来。同时，许多画家如鸟山石燕、葛饰北斋、歌川国芳、月冈芳年等都以妖怪为题材作画，奠定了妖怪画的基础。

鸟山石燕

———

1712 ~ 1788

● 鸟山石燕倾其一生创作了《百鬼夜行》系列画作，包括《画图百鬼夜行》、《今昔画图续百鬼》（作为《画图百鬼夜行》的续编，此画集由雨、晦、明等三部构成，与《画图百鬼夜行》不同的是，作者在图画上加入了对妖怪的解说文字）、《今昔百鬼拾遗》和《百器徒然袋》），这些绘卷被统称为《画图百鬼夜行全集》。18 世纪博物学肇起，鸟山石燕仿照这类百科事典，根据前人描述和绘卷，将古往今来的妖怪们分门别类，完成了"赋予妖怪以外形和生命"的壮举，从而让大众对妖怪有了定型的认知。

葛饰北斋

1760 ~ 1849

● 葛饰北斋是日本江户时代影响深远的浮世绘画家，19岁跟随浮世绘画师胜川春章正式学画，60岁才享有盛名。《富岳三十六景》是其最著名的作品，影响了梵高、高更等很多欧洲画家。74岁的时候，由于灵感的缺失、新晋画师的出现和失去亲人的打击，他的晚年无比悲凉。失意的时候，他会独自去刑场和武士殴斗的地方写生血淋淋的场景，这些素材有一部分反映在其妖怪画代表作——《百物语》中。他画笔下的妖怪幽怨、凄凉，不禁让人想到他清贫的一生和失意的晚年。他喜欢中国文化，根据《西游记》、《水浒传》、《三国演义》创作了《浮世绘西游记》、《浮世绘水浒传》、《浮世绘三国演义》。他一生创作三万多幅画作，一直到90岁去世之前，他还在作画。2000年，美国《生活》杂志评选"千禧年影响世界的一百位名人"，他是唯一一个入选的日本人。

歌川国芳

1798 ~ 1861

● 他是江户末期的浮世绘画师，其成名作《通俗水浒传豪杰百八人》中的水浒人物，个个雄武有力，器宇非凡。另一套《狂画水浒传豪杰一百八人》则反其道而行之，以市井庶民俚俗情态，演绎传统水浒人物，让人观后忍俊不禁。他也擅绘妖怪，风格细腻浓烈，各色鬼怪在其笔下粉墨登场。他还是个猫控，以爱猫、画猫著称，甚至在家里为死去的猫设立了祭坛。他擅画拟人化的猫，在他的画作中常见各色猫们身披和服，三三两两聚在一起做着人类做的事情。

月冈芳年

1839 ~ 1892

● 有着"最后的浮世绘画师"之称的月冈芳年，11岁便跟随歌川国芳学习浮世绘，早年主要绘制以英雄、武士为主角的"武士绘"；中期，他描绘血腥恐怖的"无惨绘"；到了后期，他又重新回归到浮世绘的传统中，明治二十五年因"忧郁狂"去世。为"狂疾"困扰的画家，其作品的张力与撞击力自然也是惊人的。其妖怪画代表作《新形三十六怪撰》是其后期作品，这组作品诡异灵动，形象鲜活，唯美又不失奇想，激情恣肆奔涌其中。

河锅晓斋

1831 ~ 1889

● 他可以说是鸟山石燕后最负盛名的妖怪绘师，是幕末明治时期的天才浮世绘画师。他早年得歌川国芳启蒙，后又曾师从狩野派，深受土佐光信、葛饰北斋和鸟山石燕等前辈影响，并借鉴东西方绘画技巧，不断探索，逐渐形成了独有的"晓斋流"，成为妖怪画领域的顶尖人物。

● 河锅本是武士的儿子，但他没子承父业。据说他生性胆大，9岁时就在河边素描漂流的人头。28岁时为了生计开始创作戏画、狂画，这段时期他以"狂斋"为号。他嗜好喝酒，口无遮拦，40岁时因在某次即兴画会喝醉后画的一幅讽刺画入狱，出狱后他决意反思省身，改号"晓斋"。他的画多关于日本民间传说、鬼怪故事，早期的《狂斋百图》就已露出狂放恣肆的气息，人物和妖怪神态丰富，画面张力十足。《晓斋百鬼画谈》则具有不可思议的魔力，被史学家誉为"妖怪绘卷的总大成"。

◇ ←↑ 葛饰北斋作品

176

◇ ↑ 歌川国芳作品

◇ ↓ 月冈芳年作品

177

不思议研究会与
最新的妖怪文化

● 到了近代，日本的妖怪文化仍然在发展。佛教哲学家井上圆了于 1886 年创建了"不思议研究会"，次年刊行了《妖怪玄谈》；1891 年，又成立妖怪研究会，并四处搜集各种怪谈资料，于 1893 年至 1894 年出版了八册《妖怪学讲义》。国学家、民俗学家对妖怪文化也都予以关注。南方熊楠、柳田国男等人对流传已久的妖怪故事重新梳理解析，追根溯源。小泉八云和泉镜花为怪谈文学又添新枝，这些都令妖怪文化熠熠生辉。

———

● "日本人的特点之一，就是不能明确地区分外在世界与内在世界、意识与无意识境界，很容易把外在现实与内在现实混淆起来。"民俗学家河合隼雄在分析日本民间故事时如是说，这句话同样适用于妖怪文化。对于日本人来说，出入其他世界与现实世界的障碍出奇的小。现代人已经摆脱了古代那种对自然灾难惧怕的心理，信仰中的妖怪成为人们可以想象和创造的妖怪，人们研究妖怪，不过想通过怪异独特的想象，窥探人类自身隐藏在思想深处的秘密。

———

● 再往后，随着科技进步以及媒体介质改变，妖怪文化在二战后的日本得到空前的发展，不单是漫画和怪谈小说，还有影视、动漫、游戏、玩具、模型都得到蓬勃的发展。战后，妖怪大师水木茂深入研究民俗志、地方学、神话传说，当代日本人对妖怪的启蒙与认识以及妖怪漫画浪潮的引领多归功于他不遗余力的推广。

———

● 在怪谈文学界，梦枕貘以描写群魔乱舞的平安朝物语《阴阳师》而闻名；宫部美幸不但钟情于推理，也热衷于怪谈，她的笔调温暖婉转，著有《幻色江户历》、《扮鬼脸》、《怪谈：三岛屋奇异百物语之始》等佳作；

京极夏彦开创"妖怪推理小说"，自《姑获鸟之夏》后，又从鸟山石燕的绘画中获得灵感创作出《狂骨之梦》、《铁鼠之槛》、《阴摩罗鬼之瑕》、《邪魅之雫》、《巷说百物语》等作品。

———

● 最初的妖怪电影基本都是根据怪谈文学改编，沟口健二导演的《雨月物语》（1953）改编自上田秋成的同名原著；小林正树导演的《怪谈》（1964）源于小泉八云的四则灵异故事；经典怪谈故事集《四谷怪谈》先后被毛利正树、中川信夫、森一生、深作欣二、蜷川幸雄等导演重新演绎呈现。

20 世纪 60 年代末的大映妖怪三部曲（《妖怪百物语》、《妖怪大战争》、《东海道惊魂》），再到《午夜凶铃》、《鬼水凶灵》、《富江》、《怪侠多罗罗》、《妖怪人贝姆》，不断丰富着人们对妖怪的想象；在动漫界，宫崎骏和今敏的动画都有"妖怪"的元素，尤其是宫崎骏更是将妖怪文化热潮推向了世界。

———

● 由于日本具有悠久的泛灵信仰基础，是动漫、推理大国，借着动画、影视、电玩等强力推动妖怪文化，广为世人所知，并已成为青少年次文化的主流。如漫画《幽游白书》、《鬼神童子》、《华

夜叉》系列、《犬夜叉》、《镜花梦幻》、《雨柳堂物语》等漫画及《给小桃的信》、《滑头鬼之孙》、《萤火之森》、《鬼灯的冷彻》、《怪化猫》、《虫师》、《恐怖宠物店》等动漫。另有根据 LEVEL–5 推出的同名任天堂 3DS 专用游戏软件改编而成的电视动画《妖怪手表》2014 年 1 月份在东京电视台播出，其塑造的地缚猫、烈焰狮、尿急象、人面犬、武士猫、小狛等妖怪形象深入人心，从游戏到动画大受欢迎，片尾的洗脑曲《妖怪体操第一》（ようかい体操第一）以及舞蹈风靡中小学，取代了任天堂之前一直推动的"口袋妖怪（皮卡丘）"狂潮。

日本的人气妖怪

河童、狸、座敷童子

POPULAR YOKAIS IN JAPAN

● 在日本的妖怪文化中，还有一些人气妖怪。也就是说，这些妖怪不管是在文学作品、影视作品中，还是在民间的传说中，都最经常出现。其中的河童、狸（请注意，日本的狸可不是我们认为的狸猫哦）、座敷童子，就是人气妖怪的代表。

———

● 传说河童是跟随水神的童子，由水神降下的霜露幻化而成，只是随着民间水神信仰的衰败，河童地位由"神的使者"被贬为"栖息水中的妖怪"。人们对河童习性的了解是——臂力过人，常生活在河沟湖泊中，它们不但能拖走人，还能拖走马；它喜欢和人玩相扑比赛，如果挑战失败，就会归顺人类，成为村庄的守护者，并献给村民们新鲜的鱼虾；河童被人捕到后，会被砍断手脚，以此作为抵押，它会交给人类一些秘籍；它爱吃黄瓜，所以卷着小黄瓜的寿司就叫

作"河童卷"。如今，河童在漫画、动漫中以古灵精怪，调皮又不失善良的形象示人，被萌化了许多，它可谓是首屈一指为人喜爱的妖怪。在日本有专门祭祀河童的节日，就是每年的 9 月 15 日的"河童节"，活泼的孩子们会在那天扮成河童跳舞。电影《河童之夏》就是讲述了人类与河童友谊的感人作品，其中也刻画了一些丑陋的人类，大概导演想要表达，比起妖怪，或许某些人类更加丑陋和可怕吧。

———

● 在妖怪世界里，有些类似于宠物的妖怪与人相当亲近。狸就是这种人气相当高的妖怪。以往我们常常误认为，狸就是狸猫。其实不然，后面我们会讲到，狸并不是我们所认为的狸猫，所以称呼它们为狸子更合适。

———

● 它们神态笨拙、憨态可

掬、圆圆滚滚、带着黑眼圈，颇引人喜爱。《证城寺狸子歌》便是个与狸有关的笑中有泪的故事，传说证诚寺的某任住持爱弹三弦，在某个中秋夜，他的弦声引来大小百只狸子聚拢到寺院听他弹奏。后有只大狸竟和着旋律跳起了舞，其他狸子就吹奏叶片伴奏，就这样狂欢了三夜，到了第四夜狸子们忽然都消失不见了。原来过于捧场的那只大狸，因为跳舞时拍肚皮过于用力，竟将肚皮拍破。住持伤心地埋了大狸子，并为其坟墓取名为"狸冢"。在日本，几乎人人都会唱这首童谣，每年的十月下旬，寺院会举行"狸子祭"，并由当地小学生表演以此故事为原型的歌舞剧。

———

● 座敷童子也属于萌系妖怪，她的人气丝毫不逊于河童、狸等名妖，她以小女孩的形态寄居在人们的家里，帮助做事、照看孩子，与孩

かっぱ
タヌキ
ざしきわらし

童玩耍，唯有纯真毫无心机的孩子能看到她。座敷童子寄居在谁家，谁家就会人丁兴旺，富裕祥和；有的家庭遭遇了劫难，如果座敷童子来到，噩运很快就能解除，转危为安。座敷童子喜欢去穷人家去住，为他们带来幸福和希望，这家富足了，就会帮助下一家。但有些贪图荣华的家庭为留住她，会请心术不正的法师作法困住座敷童子，不让她到别的家庭里去。座敷童子最恨的就是这类人，所以她一旦发现有人居心不良，定会毫不犹豫地离开这个家庭。

日本"狸猫"大揭秘
ALL ABOUT JAPANESE TANUKIS

● 日本的"狸猫"，其实是个误会。

● 在日本的一些商铺、酒馆或是温泉设施的门口，经常会看到一只戴着斗笠，穿着草鞋，浑圆肚皮，腰间还挂着酒壶与账本，下半身顶着两个"圆滚滚"的滑稽动物形象，作为烧制的陶器摆在店外面，这动物不是熊，不是人，而是日本神话与传说中经常被提起的"狸"，日语称"タヌキ"。

● 北海道札幌市有个狸小路商业街，名字中的狸指的也是这种拟人化的动物。这种"狸"的陶器形象在日本出自滋贺县的"信乐烧"——这是日本六大古窑中的一个。斗笠象征从灾祸中逃生的工具，酒壶意为有吃有喝的充实生活，账本则代表信用等等。信乐烧的"狸"身上，一共有八种祈福的象征，日

本人称为"八相缘起"，现在经常被用作商业繁盛的吉祥物，而置于一些传统商铺的门前。

● "狸"，在日本属于一种并不罕见的动物，但其胆小怕事，天性多疑的习性，使其长久以来成为日本妖怪中的常客。在民话（即民间故事）传说中被称为"化狸"，在《画图百鬼夜行》中也出现过它的身影。相传只要在头顶上盖一片树叶，"化狸"就可以有变化的能力，甚至还能给人催眠，日本民间还有一种"狐有七变，狸有八变"的说法。日本各地的各个时代都有具有地域代表性的"化狸"传说，最早甚至可以追溯到奈良时代的《日本书纪》。这部日本留传至今的最古老正史中，就有关于"狸"传说的记载："春二月，陆奥有狢，化人以歌。"

● 那么问题来了，"狸"到底是什么动物呢？

● 《日本书纪》成书于奈良时代，和中国的唐代对应，彼时对于"狸"的称谓还没有形成，而使用了"狢"字，而这个字正是我们所熟识的中国成语一丘之貉中的"貉"的异体字。其实，前文中提到的"狸"，既不是狸猫，也不是狐狸，而是一丘之貉中的"貉"，在汉语里又俗称为貉子，是一种犬科动物。

● 在"狸"字传入日本时，或许由于日本当时罕有狸猫，"狸"的含义便发生了异化，中国的"狸"特指"狸猫换太子"的狸猫，或搭配使用在狐狸、海狸、河狸等与狸猫大小体型类似的动物名称上，而"狸"字在传入日本后逐渐成为"タヌキ"的对应汉字，用来指这种生活在日本人周围，却生性胆小，行踪神秘的"貉子"身上了。而貉属于犬科动物，比起狸

猫，与狗和狐狸的亲缘关系更近。但貉子黑黑的眼圈、胖胖的身材、蓬蓬的尾巴，与浣熊长得又有几分相像，以至于一些游客在札幌市的狸小路观光时，除了经常将"狸"误认为是狸猫之外，看到"狸"的吉祥物玩偶实物时，还会将其误认为是浣熊。现在，我们理应为身为日本妖怪文化、神话与民话中最有人气的动物角色之一的日本"狸"正名了，它们不是狸猫，不是浣熊，它们是貉，一种有点胆小，有点可爱，有点神秘的犬科动物。这下不会再有误会了吧？
_____

● 貉分布地理范围：日本、中国东部、俄罗斯西伯利亚东部、朝鲜半岛。日本的貉分为北海道和本州两个亚种，分别为虾夷貉与日本貉。

万物有灵
去日本各地寻找妖怪
SOULS BEHIND NATURE

本州：七福神中的"惠比寿"与鲷鱼

● 喜欢喝日本啤酒的人，一定喝过一种叫作"惠比寿啤酒"的高级纯麦芽啤酒，而关注日本时尚品牌的人，则一定不会对时装牛仔品牌"EVISU"感到陌生。

———

● 无论是惠比寿，还是EVISU，其日文假名的发音都是相同的，在日语中均写作"エビス"。"エビス"是日本七福神之一的渔猎之神，关于他的名字写法和称呼不一，除了"エビス"以外，还有"えびす、ゑびす、ヱビス"等多种更传统的写法，汉字也有惠比寿、惠比须、

夷、戎、胡、蛭子、虾夷等多种写法，而惠比寿的长相，就跟惠比寿啤酒的包装纸上一样，是一位右手持钓竿，左臂抱着大鱼，长着胡须，满脸福相的老神仙。

———

● 作为日本七福神之一的惠比寿，其身世来源也是多种多样，从名字对应的汉字也可以看出，他或来自历史上的虾夷地，或产生于日本本州沿海，但基本都围绕着海洋，为其祭祀的神社也遍布全日本。

———

● 七福神中多数的神仙都源自中国与印度的神话，唯

独惠比寿，虽然身世复杂，但形象与身份均出自日本本土，是日本土生土长的神灵。惠比寿左臂里抱着的大鱼则是鲷鱼，是日本丰富海产的象征，鲷鱼通常泛指鲷科下的鱼类，狭义上则指鲷科真鲷属下的真鲷，俗称加吉鱼，是日本的寿司和刺身中经常使用的一种食材。鲷鱼被象征渔业与市场繁盛的惠比寿神抱于左臂之下，足显鲷鱼在日本海产中的地位。

———

● 那为什么是鲷鱼呢？原来，除了是日本具有代表性的海产之外，鲷鱼还是一种表示祝福的鱼（祝い魚），曾经是幕府将军或名族祭祀与

祝宴中经常使用的食材，在日语中表示祝福的词语"めでたい"后半部分的"たい"与鲷的发音相同，置换成"めで鲷"来称呼鲷鱼，也象征了平安吉利的意味。与中国称谓中的加吉鱼寓意是否巧合？

_____

● 鲷鱼分布地理范围：日本本州、北海道、九州、四国沿岸海域。中国沿岸海域也有分布。

_____

北海道：仙鹤的报恩
● 在日语中，民间传说又被称为"民话"，民话中有一个重要的系列叫作《动物报恩谭》，讲述的都是人类对危难中的动物施救，换来动物报恩的故事，其中的《仙鹤报恩》是非常具有代表性的一则。

_____

● 无论在日本，还是中国，

通常泛指的仙鹤就是丹顶鹤，在两国悠久的历史中都是长寿、祥瑞的象征，丹顶鹤经常出入成双，又象征了忠贞的爱情。丹顶鹤的形象多出现于日本的装饰物之中，象征高贵与庄重，受中国宋元时代花鸟画风俗的影响，日本的古画中也留下了很多丹顶鹤的形象。到了江户时代，则出现了民间折纸艺术"纸鹤"，此时的丹顶鹤又有了平安与祈福之意。当然，无论是象征高贵，还是表达祈愿之意，这都与丹顶鹤高洁的外表与较长的寿命是分不开的。在北海道，丹顶鹤又

被称为"湿地之神"，受到了北海道原住民阿伊努人的崇拜与保护。

_____

● 《仙鹤报恩》故事产生的时代背景为幕府时代，一直到江户幕府中后期，史料上还有关于本州仙鹤种群的记录，但是到了近现代，受环境的影响，日本本州的丹顶鹤种群逐渐消失，现在只能在北海道还能看到丹顶鹤日本种群的身影，其余种群则分布于中国东北、西伯利亚。由于现今的日本丹顶鹤种群只在北海道一带繁衍生息，丹顶鹤由此也被指定为北海道的道鸟，受到了妥善的保护。在北海道丹顶鹤栖息的钏路市、鹤居村，以及阿寒国立公园区域，每年到了冬季，当地都会对丹顶鹤进行食物的补饲，以保证它们安然度过北海道的严冬。人们曾经讲述了一个仙鹤报恩的故事，而现在的仙鹤，就由善良的人们来保护吧。

● 丹顶鹤分布地理范围：日本北海道、中国东北、俄罗斯西伯利亚。其中北海道的丹顶鹤日本种群为留鸟，其余种群则为候鸟，秋冬季进入中国长江流域与朝鲜半岛越冬。

———

京都：伏见稻荷大社里的狐狸像

● 去过京都伏见稻荷大社的人都会对"千本鸟居"留下深刻的印象，但是有人注意过伏见稻荷大社里四处都供奉着的狐狸像吗？这些狐狸像又有着什么样的来历呢？

———

● 不妨把这个神社的名字逐字拆解一下。京都伏见稻荷大社，京都自然是京都府京都市了，伏见则是神社的所在地伏见区，而稻荷大社就是这座神社的名称，其中的稻荷与这些狐狸像的关系是否非常密切呢？事实上，伏见稻荷大社中祭祀的正是稻荷神，是日本祈福农业昌盛、五谷丰登的农业之神。日本全国有多处祭祀稻荷神的稻荷神社，京都伏见稻荷大社正是所有稻荷神社的总

本社，所在的整座山即是稻荷山。进入伏见稻荷大社，走在稻荷山的千本鸟居之间，一路上都可以看到很多狐狸像，连用来写上心愿，挂在奉纳所上祈福的木匾"绘马"，都是形态各异的狐狸形象。

———

● 在中国的传统神话中，狐狸是一种非常通灵的动物，人们对于狐狸甚至有着几分恐惧。但是在日本的神话体系里，情况则有所不同，相传稻荷神经常指派狐狸作为神使，另有说法则认为稻荷神直接化身为狐狸的形象，降临人间，来为人们驱除鼠患，为五谷丰登而祈福庇佑。其实，由于以老鼠为主要猎食对象的狐狸在当时经常在粮仓活动，捕捉粮仓里偷粮食的老鼠，间接保护了人们的食物，而狐狸尾巴摇动的样子则与稻穗有几分相像，因此，狐狸便与稻荷神联系在了一起，甚至经常被混为一谈，甚至连稻荷神也有了贵狐天皇的称谓。总之，稻荷神与狐狸的形象，总是相伴相生的。

———

● 日本还有一种稻荷寿司，

是一种全素的寿司，将豆腐皮经过油炸后包裹米饭而制成，起初就是用来供奉稻荷神的贡品，全部食材、料理方法均使用农业神庇护下的农作物所制成，以表达对于稻荷神的感恩之情。原本，狐狸只是稻荷神的神使，但是相传狐狸比较喜欢吃油炸的贡品，因此作为贡品的稻荷寿司就成了稻荷神显灵显圣的一个媒介，渐渐地，稻荷神也常常与狐狸混为一谈了。

———

● 狐狸分布地理范围：日本北海道、本州、九州、四国，北海道为赤狐萨哈林亚种，本州、九州、四国等地为赤狐日本亚种。

● 日本的妖怪，种类繁多，自不必多言。仅仅只是河童，就有几十种不同种类。天狗也是一样，还有狸。这些都是妖怪界的大族群。仅从种类和数量上来说，日本可以算是个妖怪大国了吧。

_____

● 既然数量如此庞大，那么去一趟日本总该遇上一两只？实话说，很多妖怪的确恐怖，雪女、土蜘蛛、飞头蛮等等，都是以极端的手法来杀人的妖怪。这样的妖怪，估计谁都不想遇到。还有一些妖怪，未必是你遇到了就真的能发现得了的。比如说滑头鬼。这种妖怪，不害人，也没有什么特别的杀伤力，唯一特点就是让人发现不了它的存在，然后肆意地在人们的厨房里蹭吃蹭喝。

_____

● 不过，人们都还是会在侥幸心理下，盼着遇到些萌一点的，不危及自身安全还能发现得了的妖怪。

_____

● 这样的妖怪也的确不少。

_____

● 记得有一年和几个女孩一起去京都玩。因为是夏天，京都又处在闷热的盆地内，女孩子们都穿着轻薄的裙子。说来也奇怪，京都的夏天没什么风，但女孩子们的裙子却总是莫名地被吹起来。我随口开玩笑说，其实每一次吹起来都是因为脚下跑过了一只看不见的狸子。大概因为我对日本的妖怪略知一二，她们便都信以为真，还要我多讲一些关于那些看不见的狸子的故事。

_____

● 那都只是旅行过程中的一些情趣小事而已，谁也不会在意更多。但当我回了家，却饶有兴致地又想看看关于狸子的介绍。打开电脑一查，关于狸子，竟然真的还有其他人提到了类似的说法。虽然不是什么妖怪专家所说，但竟然有这么强的一致性，说不定还真的有这么回事哦？哈哈。

——

● 与狸相比，还有更多奇奇怪怪似乎没什么用的妖怪，比如只是一把伞的，只是一盏灯笼的，只是一堵墙的。

——

● 身为一堵墙的妖怪叫作涂壁，同样并不可怕，更像是恶作剧般的存在。人越是在山里走迷路，它就越是喜欢出现在人面前，给人添堵。这个时候，千万不要慌张，不然正中这堵墙的下怀。正确的做法是，假若在山林里突然看到一堵墙，就用木棒往它的墙根戳。它是妖怪，并非真的是墙，所以其实墙根是它的脚。戳下去，戳中它的脚趾头，涂壁就会落荒而逃不再来添堵了。

——

● 而在山里还有另外一种奇怪的妖怪，叫镰鼬。听名字似乎有点可怕，但其实却不然。镰鼬一般会一家三口同时出现。行人走在田地或者山林里时，镰鼬爸爸飞快冲出，伸出一只脚把行人绊倒，随后镰鼬儿子出阵，用利爪挠破行人的小腿，紧接着镰鼬妈妈冲来，在伤口上神速抹上一种创伤药，伤口迅速愈合，完好如初。这一系列动作，几乎全在转瞬间完成，对于那个行人来说，只是走着走着突然摔了一跤，爬起来继续赶路，小腿上不疼不痒，甚至连伤痕都根本没有。

——

● 这，也就是镰鼬这种妖怪的日常生活了。而这样的生活，对它们的意义何在呢？身为人类而非妖怪的我们，还是不要跨越物种地去揣摩它们为好。

书店
BOOKSTORE

不仅是书店，更是生活本身
NOT ONLY THE BOOKSTORE, BUT LIFE ITSELF

日本的书店文化

● 　在日本逛书店总是让人感到惬意。作为一个图书出版大国，日本的图书出版物种类丰富，五花八门，从可以塞到口袋里的文库本，到细化到连介绍萌宠都有几十种杂志的刊物，应有尽有。书店自然也是形形色色了，无论是在东京神保町的书店淘中古书，还是到秋叶原追新出的人气漫画，甚至在某些比较偏远的便利店，也可以看到单独辟出的一角摆放着很多最新上市的出版物。在公共交通中随处可见的手捧纸质书阅读的人，总是一道动人的风景。尽管平板、电子阅读器等数码设备在日本也有了兴起的趋势，另有一些调查结果也表明日本年轻人的平均读书时间正在下降，但是日本林林总总的出版行业和那些遍布于城市的书店，始终在将书香的味道带到每一个街角。

_____

● 　阅读的介质和读书的习惯都在发生着改变，阅读方式也有了智能手机等更多的选择，书报刊物逐渐不再是人们获取新知与乐趣的最重要途径，作为承载图书的平台的书店也面临着很大的压力。在 2006 年的时候，日本的书店尚有约一万八千余家，但从 2000 年到 2010 年的十年间里，日本的书店数量却减少了 30%。书店也在发生着改变，很多书店已经准备好应对这样的变化了。

茑屋 TSUTAYA：
日本最美书店

● 在日本各个大城市的繁华街头，经常会看见一家叫作 TSUTAYA 的商店，占据着闹市里的一处街角。这个主营 CD、DVD、漫画书、游戏等出版物、影音娱乐产品的地方，看起来只是一个复合经营的连锁音像店，印象里与日本传统的"本屋"（即书店）似乎并非走得很近。但正是 TSUTAYA 不拘泥于业态并富有创新精神的尝试，在日本的书店行业激起了阵阵涟漪。由东京涩谷开始，象征书店新形态的代官山茑屋书店出现在了日本潮流发信地与精英社区汇聚的涩谷代官山地区。

————

● TSUTAYA，作为日文读音的罗马字拼写，对应的汉字正是"茑屋"二字，名字取自 TSUTAYA 创始人增田宗昭的祖父所经营的娱乐场所屋号（房屋的名号）。还有一种说法是，命名时选择了江户时期浮世绘出版人茑屋重三郎的姓氏，但是没有得到确切的考证。

● 其实，早在 1983 年创立于大阪枚方的第一家店，用的就是茑屋书店的名字，只是到了后来随着音像制品逐渐成为主力，才改成了"茑屋"罗马字读音的 TSUTAYA，淡化了书店的概念。如今，茑屋书店重新回到了人们的视线中，与 TSUTAYA 系列门店不同，书店的名字回归了创业初期古朴的汉字称谓，但书店的概念却是全新的。如果说代官山茑屋书店开在日本潮流发信地的涩谷代官山是一种众望所归的趋势，那么开设在北海道函馆市的二号店，则是一种全新书店模式落地的探索与创新。

————

● 与地处潮店聚集涩谷的代官山店不同，函馆茑屋书店则安静地坐落在函馆城北，周围是一片干净的一户建住宅区。一座体量巨大、占地宽广、富有现代主义建筑风格的立方体建筑占据了停车场的中心，与附近的住宅形成了鲜明的反差。和已经与涩谷代官山周遭环境融为一体的代官山店相比，函馆茑屋书店的体量与周围环境相比更有宽阔的容纳感，巨大的停车场利于大量本地住民自驾前往，同时附近设有三处公交车站可接驳函馆市区。选址在人口密度低的函馆近郊，虽然对于游客而言交通不够便捷，但无论夜色降临，还是晨光初现，停车场仍然车辆络绎不绝，一直会有客人进出。不仅仅因为这里的营业时间设在了早 7 点至晚 1 点，更多的原因在于，当地住民已经开始喜欢上这里了。

————

● 这正是茑屋书店所孜孜追求的，早在 30 年前 TSUTAYA 创业初期，他们的经营理念就是"为年轻人的生活而提供的场所"，那时，将租赁音像制品和图书、杂志的销售相融合的商业模式，还是崭新的概念，而最早接受这种生活方式的人群是酷爱音像制品与漫画等娱乐消费品的年轻人。如今，当初 TSUTAYA 的早期用户们已经成熟，书店行业也开始面临转型的关口，于是，东京代官山茑屋书店诞生。他们将咖啡、饮食、亲子、慢生活融入了书店，使用开放性与舒适性兼具的空间设计，再一次，向当年与 TSUTAYA 书店一起成长的消费者们招手，再一次，向那些已经走向中老年的熟客们，提供一种全新的生活方式。"为大人的生活而建立的文化牙城（牙城，古时军中将领所居的卫城，即大本营之意）"，这正是茑屋书店所追求的方向。面对日本的少子老龄化社会带来的地域活性化问题，除了东京，他们更要尝试在日本各地践行文化大本营的搭建，于是代官山茑屋书店概念的第二家书店开始远离东京，走向了具有文化氛围和外来文化积淀，更易接受新鲜事物的日本早期开埠海港北海道函馆市。

———

● 函馆茑屋书店作为继承了代官山茑屋书店设计理念与文化理念的全日本地方第一号店，于 2013 年末开业，将茑屋系列书店所倡导的"文化之树"带到了北国的百年古城函馆。代官山茑屋书店在创立之初，就以充满未来感与设计感的建筑风格和空间规划吸引了人们的目光，被很多媒体冠以"日本最美书店"之名，函馆茑屋书店同样如此，有着宽阔的体量、框架简约却富有装饰线条的建筑设计风格，不仅仅成为当地周边独一无二的空间元素，还成了函馆市的一个全新地标。

———

不仅是书店，
更是生活本身

● 函馆茑屋书店内部空间非常宽敞，体量巨大的空间、高挑的棚顶，内部分成了开放式的二层空间，即使藏书很多，也不会让人觉得局促和压抑；书架和装饰材料以木制为主，并非图书馆形式的造型灵活具有装饰感和线条感的木制书墙耸立在侧翼，中庭则是一个举办图书与生活方式跨品牌合作的

临展 & 静展区域，以中庭的静展区域为中心，向两边辐射出了一条长长的通道，这条通道形成了茑屋书店的"Magazine Street"。

———

● 根据书店受访人员的介绍，杂志是纸质媒体中信息更新最快，最容易吸引人，最适合作为受众切入点的重要媒介，因此，将"Magazine Street"作为主路，一路贯通

一层的空间，成为来客进店后第一个接触到的阅读区域；而图书部分，则由"Magazine Street"两侧垂直延伸分割出九个主题的书屋空间，每个空间为一个图书主题，并配备相应主题专业的图书导购员，为购书者解决问题。

————

● 九个书屋分别以旅行、料理、生活、历史、人文·哲学思想、宇宙·科学、艺术、儿童艺术、设计为主题。书店巧妙地融合了他们一贯秉承的"与生活结合"的理念，在几个书屋的出口，设置了相应图书主题的衍生实体空间：比如在料理类书屋的出口，就真的设置了一个可以随时开办料理教室，举办展示厨艺活动的厨房空间；在生活类书屋的出口，

是一间种类堪比小型杂货店的生活杂货购物区域；在儿童艺术类书屋的出口，设置了出售儿童文具的区域，旁边与绘本类图书相连，靠窗的空间则是一处宽敞的"Kids Park"——儿童乐园，可以将孩子带到这里玩耍，共同营造一个亲子空间。而书店的每一个图书导购员，都是相应题材与领域的专家级人物，简直是活的图书搜索引擎，稳重而专业的讲解，令人佩服。

————

● 这样的安排，体现出了函馆茑屋书店贴合地域与目标人群的理念，不仅是只面对步入五六十岁的中老年人群，新锐的风格与贴合生活的设计同样符合年轻人的口味。显然，函馆茑屋书店更

希望吸引"家庭"三代人一起来到书店共享时光，这里有老人的空间，有中青年的空间，也有少年甚至幼儿的空间。除了书架和展柜之外，书店到处都配有可供读书休息的空间，其中一处空间还设置了非常具有北海道本地特色的火炉，围炉读书，听柴火哔啵，即使窗外大雪纷飞，这是属于北海道的特色阅读体验。但火炉并不是全部，两座巨大的圆筒形木制书架延伸开来，将这处火炉空间环抱起来，形成了"文化之树"的空间造景，在这棵树下，人们读书取暖，满是安全与温馨的感受。读书毕竟是一种孤独的状态，茑屋书店将这种私人化的体验融入到了公共空间中，通过巨大体量的空间设计，将休息区域打造得宽畅而舒适，

让人更愿意留在书店里，安静享受属于自己的读书时间。

● 书店一楼两侧的出入口也有独特的设置：西侧的"Magazine Street"主要以时尚类杂志和女性杂志为主，西侧出口附近很自然地就出现了面向女性的药妆店和瑜伽按摩店，门口则点缀着一家精致的花店；东侧紧邻料理教室的区域设置了星巴克咖啡和手机商店，值得一提的是，作为一个希望人们读书与购书的书店，无线上网的信号并没有覆盖全店，但星巴克咖啡里是可以无线上网的，与旁边的手机商店一道，为网络生活保留了一片自留地，书店并没有排斥网络的存在，毕竟，这都是生活的一部分，而生活本身，依然是宽容的。

———

● 二楼则回到了TSUTAYA专注影音娱乐制品的本源。专注影音娱乐制品，本身也是抓住了日本这个娱乐产业大国的国民需求，形形色色的动画、游戏、CD唱盘以及DVD与蓝光影片应有尽有，数量和种类的丰富程度，放眼整个日本都堪称首屈一指。影视和音乐产品则以出

租为主，以实现类型丰富的最大化，同时，影音试听区和游戏试玩区，则将娱乐产品的体验性与互动性发挥得淋漓尽致。

———

● 二楼另一个广阔的图书区域则是金融商务类图书、工具书和面向各行各业的专业图书，在这些专业性较强的图书区域附近设立了很多可供就座自习与休息的地方，一旁还设立了一家餐厅。一切在布局上做出的努力，都是为了将图书的使用与生活相契合，备考读书的时候，总是很想要来杯咖啡，或是吃点餐食来补充一下的。

———

● 书店里用来注明图书分类与划分区域的标识牌，都由日语、英语和汉语三种语言标注，翻译的内容也非常准确，使得海外的读者也能够在书店无障碍地寻找自己感兴趣的内容，同时书店也有一角专门出售外文图书。在一楼南北两处镜像对应的电梯旁边，除了一侧对应的Kids Park与儿童用品之外，另一侧则有丰富的文具、手工艺品、包装纸、西式与日

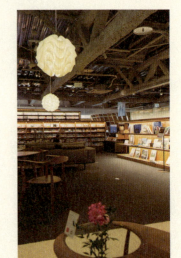

式的信封与"御捻"（红包），满足成年人的各种社交与工作需求。

————

● 丰富的书写用具与书信用品，让这里充满更多的人情味道，当书写与书籍邂逅，文字的温度得到了释放，见字如面，书写的感觉，总是暖人心肠的。

————

● 几个小时的流连，我们充分感受到了函馆茑屋书店的专注与用心。如何将人留在书店？面对书店行业共同面对的课题，无论是别具一格的空间设计、布局规划，还是着眼于细节与人性化的生活空间设置，函馆茑屋书店都给了我们很好的答案。从 TSUTAYA 到茑屋书店，从 30 年前与 TSUTAYA 共同成长的老主顾开始，到如今老主顾的家庭三代人都能齐聚一处，茑屋书店一以贯之地让人从最精准的服务里感受到阅读和文化的魅力，并且在阅读之外，还能于此享受生活的趣味。函馆茑屋书店并没有选择闹市，而是根植于社区，为步入老龄化的城市生活圈带来活力。我们看到了，书店的未来正在眼前，正如茑屋书店所倡导的那样，"作为人与人、人与文化相联系的场所"，茑屋书店已经为 21 世纪的书店慢生活提供了新的样本，并欢迎着每一个求知者的到来。

————

● 函馆茑屋书店不仅仅是一家书店，更是生活本身。

● 鸣谢：函馆茑屋书店及书店全体员工，感谢书店接受采访并提供店内拍摄权限。

199

● 前段时间，一位 ID 叫 Ourit Ben-Haim 的姑娘在自己的网站上发了一系列照片，每张照片都是一位乘坐或等地铁的人捧着书在阅读：他们姿势各异，样貌不同，阅读的书也是包罗万象，Ourit Ben-Haim 在照片下面标注了照片中的人所读的书名，亨利·米勒的《南回归线》、卡夫卡的《变形记》、J·K. 罗琳的《偶发空缺》等等，她将这系列取名为"地下纽约公共图书馆"。

● 但同样是阅读大国，在日本，要完成这样的系列照片恐怕是不可能的事情。

● 在公共场合让别人一目了然地知道自己正在看的是什么书，想起来就觉得好羞涩好难为情啊！这样才是日本人最为普遍的反应。

● 无论是在读什么书，都会觉得十分难为情。读的是经典，比如夏目漱石吧，要是让别人知道，岂不是会被嘲笑怎么现在才读？读的是推理、科幻甚至轻小说，那么岂不是更容易被别人看低？然而如果读

了《源氏物语》这样高规格的书，会不会给别人太大的压力影响了别人的心情？

● 总之，无论怎样，在众目睽睽之下，终究不好意思也不愿意让他人知道自己到底在读什么书。可是等地铁、坐地铁的时间那么漫长，又想看书，怎么办？聪明的书店经营者给予了最好的解决办法——包书皮。

● 在日本买过书的朋友一定会对此印象深刻的。当你在书店、书报亭买了书，收银员必然会从柜台下面掏出一张颜色清淡带有樱花或者梅花图案的纸，动作麻利地在你还没感到时间有所流逝的一瞬给书包好了书皮，塞进你的购书袋子里。似乎这是每一个书店收银员的必备技能，假若连迅速给书包上书皮的能力都没有，也就别想在书店打工了。

● 带着包了书皮的书去坐地铁，即便有陌生人近在咫尺，也不再担心暴露了自己在看什么书。真是安心得多，自在得多。

手信
GIFT

INFORMATION

一定要有手信哟！
IT IS A MUST-HAVE!

● 在以"书道"为题材的动画作品《元气团仔》中，躲在小渔岛上的书道天才男主角，他的朋友来看他后回东京，在那个比大巴站还要简陋的飞机场，他们依然在津津有味地挑选讨论着到底带什么手信回东京给亲朋好友。

————

● 在那么简陋的机场里，别的都可以没有，但一定会有卖着各种奇怪限定的土特产商店。这也正体现了日本人出行归来，要带回手信赠送家人朋友，是其生活中必不可少的一个环节。

————

● 所以当与日本朋友交往时，每一次见面总要准备些精美的小礼物，否则便会在对方递上礼物时感到束手无策，面色窘迫。茶叶也好，丝绸围巾也好，青花瓷图案的小小笔记本亦可，总要有些心思在里面。

————

● 日本人还另有一种习俗，即在夏天为友人寄出明信片，以表达问候。邮局也会及时地出售一种没有图案的明信片。一开始我很奇怪为什么会卖无图案的明信片呢，后来问了朋友才知道，只是写一些问候的话在明信片上，这正是一种在清淡中满含温馨的相当日式的礼物习俗。这充分体现了日本人的手信文化，那什么是最受欢迎的手信呢？

日本的土产与手信传统

用心馈赠的礼物

JAPANESE NATIVE AND TRADITIONAL GIFTS

● 日语中有一个词叫作"お土产",中国传统一些的日语教材和日汉词典会将其翻译成土特产,或地方特产,又等同于近年回潮的"手信"一词。"お土产"这个词很有趣,因为字面看上去像是汉语的"土特产"一词,但在日语里又有一些不同的意思。在汉语中,理解土特产一词时,往往会将地方的农副产品联系起来。日语中的"お土产"汉字大约从室町幕府时代开始使用,虽然借鉴了汉语中的"土产"二字,但发音又读作OMIYAGE,无论是音读还是训读,却并不对应"土产"二字的发音。关于"お土产"发音的由来,在日本也有多种解释,一种说法是源自"宫笥(MIYAGE·MIYAKOKE)"一词,意即神社等宗教场所配发的物品,另一种说法则是"見上げ(MIAGE)"的转意,引申义为"仔细看看再挑选"的意思。尽管出处有些争议,但这个词本身就包含了一层

"用心馈赠"的含义,也许这就是日本"土产"的精髓。在如今对应"お土产"一词的中文词汇里,曾经只在粤语圈中流行的"手信"一词使用的频率逐渐升温,与"お土产"一词异曲同工。看着这样温暖的字眼正走向回归,真的是一件很幸福的事情。

——

● 也许,历经岁月久远,那些被精挑细选的礼物与根植于各方土地的"土特产"在概念上早已融为一处,成为了今天日本各地的"お土产"甚至是文化符号。只要是去过日本旅行,或者是在日本留学、工作的外国人,都会对日本那些琳琅满目的"お土产"印象深刻,无论是商场、车站、还是机场,代表本地特色的商品随处可见,在一些繁华的街区,专门贩卖该地区特产的"土产店"往往会挤占在商业街、步行街的核心地带,里面无一例外都是来自其他国家的

观光客或是日本异地的客人,他们大包小裹,满载而归。不只是旅游纪念品,从吃到穿,从装饰到收藏,种类丰富,再挑剔的客人,都会选到自己称心的东西。土产店里的"お土产"大都标注着"东京限定"、"北海道限定"、"信州限定"等地方限定,或是类似"大阪名物"等名产的提示,这意味着这些手信,基本是只能在当地才能买得到。那些精致的包装,精湛的工艺,即使价格不贵,送出去也是非常符合心意的,在东亚人的文化性格中,在意别人的看法,愿意将自己好的一面精心包装并呈现出来,在"送礼文化"发达的这一点上得到了集中的体现。

——

● 琳琅满目的日本"お土产",历时上百年来商品经济的成熟发展,已经形成了在世界范围内都堪称细致的礼品门类与送礼文化。日本并不是个资源十分丰富的国

家，但正因如此，他们突破了原材料的范围，开始追求地域文化与创意的融合，形成了各地特有的一些品牌文化，食品与饮品自不必说，即便是圆珠笔、钥匙扣、明信片之类的日常物件，也会因为带有鲜明的地域性而变得与众不同。例如在中国也有一定知名度的"熊出没注意"车贴，其实就是源于日本北海道，因北海道野外常有棕熊出没，野外很多地区都会为路人设立警告牌，上面往往就写着"熊出没注意"的字样，这个品牌即以北海道独有的告示为卖点，除了车贴，还开发了马克杯、笔、服装、软饮料、甜点等，"熊出没注意"是一个典型的"北海道限定お土産"。随着网络与口碑营销的发展，一些日本的手信在中国大陆与港台地区开始流行，比如岩手县的南部铁器、北海道的"白色恋人"巧克力饼干与"薯条三兄弟"等，人气已然爆棚到了经常断货的状况，这些原本属于当地限定销售的手信也不再那么执着，渐渐地，在日本其他机场也可以买到一些跨地的手信，导致了很多前往东京、大阪的游客，带回来的"お土産"仍

然还是北海道的"白色恋人"或"薯条三兄弟"。对于外来的游人而言，我们是该笃信人云亦云的攻略与口碑呢？还是应该自己主动用心去了解一下只属于当地的"名物"与"お土産"？这是一个问题。

北海道的手信三宝
白色恋人、生巧克力与薯条
3 MUST-BUY SOUVENIRS IN HOKKAIDO

● 要说中国人眼中的日本人气商品，由于多年产业发展和市场需求的变化，每隔一段时间都会有些不同。过去，日本的高档家电、手表、相机以及一些数码产品都是国人热衷的目标，近年来，日本的药妆、保健品、小家电和生活用品则开始成了国人追逐的对象，以至于后来涌现出了"马桶盖、电饭煲、保温瓶、陶瓷刀"这样的新"日本四宝"。但是，无论这些日本的现代化商品如何变迁，一盒精美的点心，一种特别的味道，这样只有在某个当地才能买到的地方限定"土产"——日本的传统手信总是能禁得住岁月的轮转，作为馈赠友人的伴手礼，而填满旅行者们行李箱剩余的每一寸空间。

———

● 早些年间，港台、新马的华人游客对日本手信市场慷慨开拓，一些日本的手信早在内地游客大批涌入日本之前几年，便已经形成口碑，在人们当中如雷贯耳了。其中，有三样"土产"成了来日必买的代表性手信，更有趣的是，这三种手信都来自北海道。由于令厂商都讶异的超高人气，这三种手信纷纷由北海道本地的限定贩卖，发展成了在全日本范围的国际机场、免税店等商铺都可以买得到的人气手信，它们被戏称为"北海道手信三宝"：白色恋人、生巧克力与薯条。如果你来北海道旅行或探友，不妨做个参考。

———

白色恋人

● 人气席卷日本乃至整个大中华文化圈的"白色恋人（白い恋人）"是一种北海道特产的巧克力夹心薄饼，始创于 1976 年，由位于北海道首府札幌市的石屋制果生产，采用了法式猫舌曲奇（法语：langue de chat，是一种法式的烤制甜点工艺，

精细的烤痕与酥脆却入口即化的柔和口感是主要特色）的烘焙工艺，素黄色的曲奇夹着浓软的巧克力，带着浓浓的北海道奶香，经过精心调配烤制而成。白色恋人的名字，很容易让人联想到北国冰雪世界的纯洁与浪漫气息，包装风格则将其具象化：法式的装饰与字体、徽标上白雪皑皑的北海道利尻山（北海道的一座火山，日本百名山之一，有着利尻富士的美称）形象，加之酥脆的猫舌曲奇与浓纯的巧克力融合在一处的特殊口感，使人们自然而然地以这款巧克力饼干为符号，完成对于北海道风情的美好想象。由于白色恋人的人气过于爆棚，在日本其他地区出现了各种各样的山寨版"恋人"手信，惹得本尊石屋制果还为此大打官司，与其他"恋人"们对簿公堂，一时间成了大新闻。

———

生巧克力

● 生巧克力指的是北海道的巧克力品牌 ROYCE 推出的一种叫作"生巧克力（生チョコレート）"的精美手信，使用高纯度的原味巧克力作为原料，以北海道产的鲜奶油作为辅料，加入洋酒作为催化剂融合加工而成。在生巧克力加工的过程中，很少使用添加成分，且最大程度保留了原材料的新鲜程度，使得生巧克力的质地柔软，需要在低温状态下才能固形，低温时口感冰凉爽滑而富有韧度，常温微溶状态下的口感较普通的巧克力则更加绵柔顺滑。生巧克力如丝般的精湛口感，将北海道的甜品与巧克力的制作工艺展现得淋漓尽致。生巧克力在常温下会很快融化，所以都是像冰淇淋一样装在冷柜里出售，购买的时候需要额外使用保温袋包装。吃的时候在微微解冻的状态下口感最佳，当然，完全化掉就会变成一摊巧克力酱了！

_____

薯条三兄弟

● 三宝中的最后一种——薯条，被大中华游客们叫作"薯条三兄弟"。跟白色恋人与生巧克力相比，"薯条三兄弟"属于后起之秀，却是蹿红最快的一个，短短几年间就红遍东亚各地。在日本各地的机场、免税店经常被买断货，火得或许连厂商自己都会觉得莫名其妙。薯条三兄弟产自北海道千岁，由日本零食厂商 Calbee 公司推出，使用北海道土豆作为原材料，以接近手工的小型炸锅炸制，再经过特殊工艺处理，使薯条里外都变得香脆，味道则偏鲜咸。薯条三兄弟的日语名为"じゃがポックル"，根据官方的介绍，"ポックル"一词是北海道原住民阿伊努人神话传说中"蜂斗菜下的小精灵"的意思。说起蜂斗菜，看过《龙猫》的朋友一定很熟悉，像蒲扇，又像雨伞，又有几分像荷花的叶子。阿伊努人相信，在蜂斗菜下面，一定住着森林的小精灵。害羞却心地善良的小精灵，不好意思把自己的真面目露给人类，但又会悄悄地在深夜给饥饿的孩子送来食物，温柔善良的小精灵，是能够带来幸福的神灵。因此，"じゃがポックル"严格的意思可翻译成"薯条精灵"或"薯条天使"，薯条三兄弟的说法由港台流传过来，因为外包装上画着三根薯条的卡通形象，而本名全部由日语假名组合而成，大家就将其称为"薯条三兄弟"了。

_____

● 小精灵的故事被写在了包装盒里附带的一张纸上，当我们品尝美味薯条的时候，有多少人会愿意翻看这个小故事呢？

_____

● 这三种手信，在强大购买力的压迫下，由当初的北海道限定贩卖，开始扩大流通渠道，变成了日本多地都可买到的手信，尤其是在东京、大阪、名古屋等国际机场的土产店与免税店，都可以看到"北海道手信三宝"的身影，但是被买到断货的时候就真的没有办法了！

● 互送手信，倒不是日本特有的礼仪习俗。我们也经常会在旅游过后，给朋友带一些当地的土产。但日本人却把这样的习俗发挥到了极致，旅游归来要带手信，初次见面要带手信，登门拜访要带手信，见到老师要带手信……可以说，手信几乎渗透到了日本人日常生活的每一个细节之中。只要不是社交障碍症的严重患者，恐怕每个人都要随手带着手信，特别是第一次见面的朋友，或者去见长辈前辈，更是忘不了带上手信。

_____

● 对于日本人来说，这些事情已然就是日常。然而，对于我们这些有着相当的文化差异的外国人来说，就变得有些头大了，就如同我们去了欧美国家，总是搞不懂到底该给谁小费该给多少合适是一样的道理。所以，每一次有朋友要去日本办事，问我有什么需要注意的，我都会首要提醒他们一定要带足手信。东西不在大，关键是要有，这样到时候对方见面后拿出礼物给你时，你不会陷入无限的尴尬甚至是失礼的局面中无法自拔。

● 有备无患终究是避免尴尬的最佳办法。

_____

● 但是，有的时候即便再有这种有备无患的心，尴尬却同样悄悄蔓延。

_____

● 我有位曾经在中国留学、现在在日本的大学当老师的朋友，她每年都要来中国至少两次，我们又是相当要好的朋友，所以每次来都会见面。而这其中，互送手信的环节必不可少。虽然她在中国留过学，又是个中国通，但一开始送最常见的茶叶、丝绸、手帕之类，只要精致还是拿得出手，而我也同样收到了很典型的日式手信，和果子、抹茶粉、巧克力之类。不过，送手信这种事，终究还是不送重复的东西为好，就像每次见同样的人不穿同样的衣服一样。

_____

● 这听起来并不算什么，但根本架不住时间的推移和积累。

_____

● 当我已经送过她金陵

十二钗的书签、精致的桃木梳子、刺绣零钱包、青花瓷图案茶杯垫等，真的感觉有些无计可施的时候，我终于发觉自己收到的手信也骤然间发生了变化：一只会闪光的鬼太郎的爸爸（也就是一只闪光的眼球），而我给出的则是红极一时已经名扬海外的海底捞火锅底料……

———

● 从此，这场"手信大作战"彻底打响。

———

● 我们已然没有任何常规牌可以打，但决不允许自己出现无礼物交换的局面。知道她喜欢看《甄嬛传》、《宫锁心玉》，我便送出了花盆底鞋、历史中四阿哥和八阿哥的画像，而我也收到了《龙

珠》里龟派气功的练功服、《命运石之门》中的徽章、高达的 V 字头饰。

———

● 有一次，我买来台北故宫博物院的"朕知道了"胶带，却发现她来北京之前刚好去了趟台北，简直懊悔极了，为什么我没能在上次见面时想到这个？偏偏拖延到她已经去过之后才想到要送给她？所以，要想送手信必须当机立断，不可犹豫，不然必定痛失良机。

———

● 更"气人"的是，当我绞尽脑汁地想下一次可以送什么东西的时候，她则可以相对轻松地送上当时流行的某种东西的限定商品。比如，初音的限定文件夹、《进击的

巨人》的限定冰箱贴等等，价值不会很高，但过了时限绝不可能再买到。这样的限时性手信，已然是一个极大的优势了。每当此时，我都不禁极为羡慕日本能有如此多样性、多品种的限定文化了，抑或限定文化本身就是伴随着手信文化而发扬光大的。

———

● 幸运的是，我们的故宫博物院也开始出品不少既可爱又极具特色的小型周边礼品了，冰箱贴也好朝珠样的耳机也好抑或只是书签，数了数，每次送一种，似乎又能撑过一年了。终于在这场不可能结束的"手信大作战"中，可以略微松一年的气了。当然，这必须建立在她来北京时不会突发奇想偏要去故宫玩的基础上。

图书在版编目 (CIP) 数据

和风帖 . 1,草间弥生与 100 种文艺日本 / 张进步,

程园园主编 . –– 重庆 : 重庆出版社 , 2016.6

ISBN 978-7-229-10978-3

Ⅰ.①和⋯ Ⅱ.①张⋯ ②程⋯ Ⅲ.①文化 – 介绍 –

日本 Ⅳ.① G131.3

中国版本图书馆 CIP 数据核字 (2016) 第 023955 号

和风帖 . 1,草间弥生与 100 种文艺日本

HEFENG TIE. 1,CAOJIAN MISHENG YU 100 ZHONG WENYI RIBEN

张进步 程园园 主编

策　　划：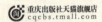 华章同人

出版监制：陈建军

责任编辑：舒晓云

特约编辑：王非庶

营销编辑：刘　菲

责任印制：杨　宁

装帧设计：●lemon

重庆出版集团
重庆出版社 出版

(重庆市南岸区南滨路 162 号 1 幢)

投稿邮箱：bjhztr@vip.163.com

三河市嘉科万达彩色印刷有限公司 印刷

重庆出版集团图书发行有限公司　　发行

邮购电话：010-85869375/76/77 转 810

重庆出版社天猫旗舰店
cqcbs.tmall.com

全国新华书店经销

开本：787mm×1092mm　1/16　印张：13.5　字数：217 千

2016 年 6 月第 1 版　2016 年 6 月第 1 次印刷

定价：45.00 元

如有印装质量问题，请致电 023-61520678